Albert GRIVAULT

BURGUND

Text:

PIERRE ALAIN

MINERVA/SOLAR

Designed and produced by
ÉDITIONS MINERVA S.A.

Vorsatz: Weinberg bei Santenay.
Seite 1: Uhr und Jacquemarts auf dem Turm der Kirche Notre-Dame in Dijon.

N° Editeur = 1519

ISBN 2-263-01270-2

Printed in Italy

Einleitung

Die französische Landschaft Burgund, die heute aus den Regionen Bourgogne und Franche-Comté besteht und die Departemente Doubs, Jura, Haute-Saône, Côte-d'Or, Nièvre, Saône-et-Loire und Yonne umfaßt, war schon während der Altsteinzeit besiedelt, wie Höhlenmalereien und andere Funde beweisen. Etwa im 6. vorchristlichen Jahrhundert nahmen die keltischen Stämme der Häduer und Sequaner von dem Gebiet Besitz. Als um 60 v. Chr. Germanenstämme ins Land vorstießen, wandten sich die Sequaner hilfesuchend an die Römer, und Cäsar benützte diesen willkommenen Vorwand, um ganz Gallien dem Römerreich einzuverleiben. Als die Keltenstämme Cäsars Absicht erkannten, erhoben sie sich unter Vercingetorix, wurden aber 52 v. Chr. bei Alesia vernichtend geschlagen. In der Folgezeit wurde Gallien gründlich romanisiert, und im ausgehenden 2. Jahrhundert begann die Verbreitung des Christentums.

Die Germanen, deren man sich mit römischer Hilfe hatte erwehren können, kamen aber schließlich im 5. Jahrhundert doch ins Land. Es waren die mit den Goten verwandten Burgunder, die ursprünglich an der Ostsee ansässig gewesen waren, danach im Weichselgebiet gesiedelt und schließlich am Rhein ein Reich mit der Hauptstadt Worms gegründet hatten. Dieses Reich war 437 auf Betreiben des römischen Feldherrn Aëtius von den Hunnen unter der Führung Attilas vernichtet worden, woran noch heute das *»Nibelungenlied«* erinnert, die großartigste Heldendichtung des frühen Mittelalters. Den geschlagenen Burgundern wies Aëtius die Sapaudia, das heutige Savoyen, als neuen Wohnsitz zu. Unter ihrem großen König Gundobad dehnten sie ihren Herrschaftsbereich über die heutigen Regionen Franche-Comté und Bourgogne hinaus bis in die Nähe der Rhône-Mündung aus. Nach Gundobads Tod (516) eroberten die Franken dieses Gebiet und machen es zu einem Teil des Merowingerreichs, aus dem später das Fränkische Reich hervorging.

Im 9. Jahrhundert wurde Burgund in Hochburgund (Westschweiz, Savoyen und Franche-Comté), Niederburgund (Südteil bis zum Mittelmeer) und Herzogtum Burgund (westlich der Saône) geteilt. Im 10. und 11. Jahrhundert bildeten Hoch- und Niederburgund ein Königreich, das Arelat, während das Herzogtum Burgund an die französische Krone kam. Nach dem Aussterben der Herzöge aus dem Haus der Kapetinger gab König Johann der Gute von Frankreich das Herzogtum seinem Sohn Philipp dem Kühnen; dessen Nachfolger schufen im 15. Jahrhundert ein burgundisches Großreich, das sich von der Nordsee bis zum Mittelmeer erstreckte, aber nach dem Tod Karls des Kühnen (1477) wieder zerfiel. In den nachfolgenden Kämpfen blieb das Herzogtum Burgund bei Frankreich; die Freigrafschaft Burgund kam zunächst zum Deutschen Reich, bis sie 1674 von Ludwig XIV. ebenfalls für Frankreich erobert wurde. Heute erinnern an die große Vergangenheit nur noch die Bezeichnungen *Bourgogne* für das Gebiet um Dijon und *Franche-Comté* (Freigrafschaft) um Besançon.

Vielfältig und wechselreich wie die Geschichte Burgunds ist das Anlitz, das uns diese Landschaft darbietet, erstreckt sie sich doch von dem in 1718 Meter Höhe gipfelnden Jura im Osten über die von berühmten Weinlagen gesäumte Ebene der Saône und den Morvan, den nordöstlichen Ausläufer des Zentralmassivs, bis hin ins liebliche Tal der Yonne.

Von Burgund und den Burgundern war bereits die Rede, doch keinesfalls unerwähnt bleiben darf *der* Burgunder, einer der besten Weine Frankreichs. Gemeinhin versteht man darunter kräftige Rotweine (Chambertin, Pommard, Côte-de-Nuits), aber die Bourgogne liefert auch herbe Weißweine wie Chablis, Meursault und Viré oder leichte Rotweine wie Beaujolais, Beaune und Mercurey. Nicht ohne Grund lautet ein uralter burgundischer Winzerspruch: »Qui ce vin boit, Dieu voit« – »Wer diesen Wein trinkt, der schaut Gott«.

Links der Burgundische Kanal in der Nähe der Schleuse von Cercey. Oben das im 15. Jahrhundert erbaute Schloß von La Rochepot.

Sens und das Senonais

Mitten durch Burgund verläuft die vom Plateau de Langres und der Côte gebildete Wasserscheide zwischen dem Atlantik und dem Mittelmeer: Yonne, Loire, Seine und Marne fließen nach Norden, Saône und Rhône nach Süden. Die Täler dieser Flüsse sind gleichsam die Einfallspforten der Landschaft, die schon vor der Römerzeit als historische Drehscheibe von Bedeutung war.

Bereits im 9. vorchristlichen Jahrhundert siedelte hier ein Volk, das auch Cäsar in seinem *»Gallischen Krieg«* erwähnt. Nach ihm waren die *antiquissimi Gallorum Senones* »einer der mächtigsten und ältesten Stämme Galliens«. Er konnte sein Herrscherhaus durch 77 Generationen zurückverfolgen und seinen Herrschaftsbereich zeitweise bis nach Italien und sogar bis nach Griechenland ausdehnen. Ob die Senonen keltischen Ursprungs waren, wissen wir nicht mit Sicherheit, doch gewiß ist, das ihnen die bis in gallo-römische Zeit zurückreichende Stadt Sens, das *Agendicum* in Cäsars *»Gallischem Krieg«,* ihren Namen verdankt.

Erbaut wurde die Stadt an der Yonne auf einer Insel, die durch die Kanäle, die damals diesen Fluß mit der Vanne verbanden, gebildet worden war. Nachdem Gallien von den Römern erobert worden war, gehörte das Gebiet zum Verwaltungsbezirk Lugdunum (Lyon). Nach dem Zusammenbruch des Römerreichs verteidigte sich die Stadt erfolgreich gegen die Angriffe von Alemannen, Franken, Sarazenen und Normannen. Als im frühen 3. Jahrhundert das Christentum eingeführt wurde, wurde Sens zum Sitz eines Erzbischofs, dem auch angrenzende Bistümer bis hin nach Paris unterstanden; bis 1627 waren dem Erzbischof von Sens unter anderem die Bistümer Chartres, Meaux, Paris, Orléans, Nevers und Troyes unterstellt.

Dem Erzbischof Henri Sanglier verdankt die Stadt ihr bedeutendstes Bauwerk, die Kathedrale. Sie erhebt sich in der Mitte der Altstadt, deren Oval von breiten Boulevards und Promenaden eingefaßt ist, die an der Stelle der alten römischen und mittelalterlichen Befestigungsanlagen angelegt wurden. Hier stand schon seit frühchristlicher Zeit die Bischofskirche, die mehrmals durch Feuer zerstört und wieder aufgebaut wurde. Mit dem Bau eines ersten großen Gotteshauses begann man um 972, und nachdem auch dieses ein Raub der Flammen geworden war, entstand ab 1140 die heutige Bischofskirche im gotischen Stil – die älteste gotische Kathedrale Frankreichs. Zwar wurde sie in den folgenden Jahrhunderten wiederholt verändert und erweitert, doch sind aus dem 12. und 13. Jahrhundert noch bedeutende Teile erhalten, vor allem die reich geschmückten Portale. Prachtvoll ausgestattet ist das Innere mit seinen wunderschönen Glasmalereien und dem schmiedeeisernen Lettner.

An die Kathedrale schließen sich die bischöflichen Gärten, das ehemalige erzbischöfliche Palais und das aus dem 13. Jahrhundert stammende Palais Synodal-Officialité an, das frühere Gerichtsgebäude der Erzbischöfe.

Bis zur Mitte des 18. Jahrhunderts war Sens auch ein politisches Zentrum als Hauptstadt des Senonais, eines Gebiets, das damals zur Champagne gehörte. Daran erinnern noch einige alte Bauwerke, so das »Abraham-Haus« und die Maison du Pilier, die beide aus dem 16. Jahrhundert stammen. Einen Besuch lohnen auch zwei alte Klosterkirchen, Saint-Jean und Saint-Pierre-le-Rond.

Wenn wir dem Tal der Yonne nach Süden folgen, gelangen wir über Villeneuve-sur-Yonne nach Joigny. Auch hier finden wir sehenswerte alte Häuser und zwei interessante Kirchen aus dem 16. Jahrhundert: Stilelemente von Gotik und Renaissance sind in Saint-Thibault harmonisch miteinander verschmolzen, während in Saint-Jean ein auf das 15. Jahrhundert zurückgehendes heiliges Grab aus weißem Marmor und die mit ihrer liegenden Figur geschmückte Grabplatte einer Gräfin von Joigny besondere Beachtung verdienen.

Oben von links nach rechts: Ein aus dem 16. Jahrhundert stammendes Haus in Sens; der Turm der Kathedrale; das prächtig ausgestattete Innere des Gotteshauses; Detail eines uralten Profanbaus, des sogenannten »Abrahams-Hauses«. Unten links das malerische Joigny; unten rechts das Tal der Yonne.

Auxerre und der Oberlauf der Yonne

Von Joigny führt die N 6 durch das Tal der Yonne über Appoigny, einen kleinen Weiler mit einer Kirche aus dem 13. Jahrhundert, nach Auxerre, der Hauptstadt von Niederburgund und des Departements Yonne.

Das gallo-römische *Autessiodorum,* auf das die Stadt zurückgeht, war in der Römerzeit eine wichtige Zwischenstation an der Straße von Lugdunum (Lyon) zum Mittelmeer. Hier wurde 378 jener Germain geboren, der zunächst als Statthalter und Herzog in der Bretagne kämpfte, ehe er sich zum Christentum bekehrte, seine Habe unter die Armen verteilte und als Bischof von Auxerre ein heiligmäßiges Leben führte, so daß er später kanonisiert wurde. Seine sterblichen Überreste birgt die Krypta der gotischen Kathedrale Saint-Germain, die im 13. bis 16. Jahrhundert an der Stelle einer romanischen Vorgängerkirche errichtet wurde. Deren aus dem 12. Jahrhundert stammender Turm steht seit dem Einsturz einiger Joche des Kirchenschiffs isoliert neben dem Gotteshaus. In der auf die Karolingerzeit zurückgehenden Krypta sind noch hochinteressante Fresken aus dem 9. Jahrhundert erhalten. Der Südturm der gotischen Kathedrale ist unvollendet geblieben.

Aber in Auxerre lohnen noch weitere historische Bauten einen Besuch, so die Kirche Saint-Eusèbe mit ihrem Turm aus dem 12. Jahrhundert und die spätgotische Kirche Saint-Pierre, die bereits Stilelemente der Renaissance aufweist. Die Präfektur ist in dem aus dem 13. Jahrhundert stammenden ehemaligen bischöflichen Palais (mit romanischem Säulenumgang) untergebracht. Durch zum Teil noch mittelalterlich anmutende Gassen und Straßen gelangt man von der Präfektur zum 1483 errichteten Uhrturm, auch Tour Gaillarde genannt, in dessen Nähe sich das im 16. Jahrhundert erstellte und im 18. Jahrhundert umgestaltete Rathaus erhebt.

Die Altstadt von Auxerre bildet ein Sechseck, das mit einer Seite an die Yonne angrenzt. Sie ist von Boulevards eingefaßt, die dem Verlauf der längst niedergelegten Stadtmauer folgen. Zu den bedeutendsten Persönlichkeiten, die in diesen Mauern geweilt haben, gehören die Jungfrau von Orléans, die auf dem Weg zur Königskrönung in Reims hier Zwischenstation machte, und Napoleon, der über Auxerre von seinem Exil auf Elba nach Paris zurückkehrte, ehe er nach der Niederlage bei Waterloo nach Sankt Helena verbannt wurde.

Hinter Auxerre verlassen wir die N 5, um auf kleineren Straßen das rebenbestandene Hügelland zu durchkreuzen. Von Cravan gelangen wir so zu dem hoch über der Yonne gelegenen Mailly-le-Château, wo eine Brücke aus dem 15. Jahrhundert den Fluß überspannt, und nach Chatel-Censoir mit seiner sehenswerten, von einer Mauer umschlossenen Kirche mit romanischem Chor und prächtigem Renaissanceportal. Wo Niederburgund, Morvan und das Nivernais zusammenstoßen, liegt Clamecy, wo 1866 der Dichter Romain Rolland geboren wurde. Sein Denkmal steht vor dem ihm zu Ehren eingerichteten Museum. Das noch mittelalterlich wirkende Städtchen am Zusammenfluß von Beuvron und Yonne wird von mehreren Kanälen durchschnitten; ein Flößerei-Museum erinnert daran, daß hier die Holzwirtschaft einst eine bedeutsame Rolle gespielt hat. Zu den sehenswertesten Bauten zählt die Stiftskirche Saint-Martin aus dem 13. bis 16. Jahrhundert, die sich unweit des Rathauses in der Mitte des Städtchens erhebt.

Auxerre. Links von oben nach unten: der Uhrturm (Tour Gaillarde); das Roussel-Denkmal; eine Statue des heiligen Nikolaus als Fassadenschmuck. Rechts oben die gotische Kathedrale Saint-Etienne, die Auxerre überragt. Rechts unten Clamecy und daneben Mailly-le-Château.

Das Pays d'Othe und das Armançon-Tal

Zwischen Yonne und Seine, zwischen dem Senonais und dem Châtillonnais, begrenzen die Hügel des Pays d'Othe den Norden des Armançon-Tals in einem weitschwingenden Bogen. Diese einst von Mönchen gerodete Waldlandschaft hat durch Aufforstungsmaßnahmen in neuer Zeit wieder einiges von ihrem ursprünglichen Charakter zurückgewonnen. Nachdem die Rebhänge, die früher die Hügel bedeckten, im ausgehenden 19. Jahrhundert durch die aus Amerika eingeschleppte Reblaus vernichtet worden waren, legte man an ihrer Stelle Obstgärten und Weiden an.

Dem Glaubenseifer der Bewohner und der Bau-

lust der Bischöfe verdanken wir in diesem Gebiet einige Kirchen, deren Größe und prächtige Ausstattung in einer so ländlichen Umgebung überraschen. Herrlich bemalte Glasfenster aus dem 15. Jahrhundert erhellen das Innere der dreischiffigen Kirche von Auxon, der ein Renaissanceportal vorangestellt ist. Nicht minder sehenswert sind Taufbecken und Glasmalereien (16. Jahrhundert) der Kirche von Bérulle; der Ort verdankt seinen Namen jenem Kardinal, der in der Gegenreformation eine so bedeutsame Rolle spielte. Villeneuve-l'Archevêque wurde von den Erzbischöfen von Sens gegründet. Hier nahmen Ludwig der Heilige und seine Gemahlin die Dornenkrone Christi entgegen, für deren Aufbewahrung in Paris die Sainte-Chapelle errichtet wurde. Die heutige Kirche geht auf das 13. bis 15. Jahrhundert zurück, aber das Marienportal stammt noch von einer weit älteren Vorgängerkirche.

Einen Abstecher lohnt das nur wenige Kilometer von Villeneuve entfernte Schloß Fleurigny, das im 13. Jahrhundert errichtet wurde. Ein Wassergraben umgibt den von massigen Rundtürmen flankierten

Links oben der Burgundische Kanal, darunter das Schloß von Ancy-le-Franc. Rechts eine den Kanal überspannende Brücke in der Nähe von Tanlay; unten das von Wassergräben umgebene Schloß von Tanlay (16. Jahrhundert).

Bau. Im Stil der Renaissance gestaltet ist der Innenhof mit seinen Säulenumgängen.

Das Tal des Armançon, das das Pays d'Othe im Süden begrenzt, war seit alters ein wichtiger Verkehrsweg. In ihm verlaufen nicht nur eine Straße und eine Eisenbahnlinie, sondern auch der Burgundische Kanal, der den Fluß von Laroche bis Montbard begleitet.

Einen wunderschönen Blick auf das Tal und auf das Städtchen Saint-Florentin hat man von der Promenade vor dem Kloster dieses Ortes aus. Beherrscht wird Saint-Florentin von seiner vom 14. bis 17. Jahrhundert erbauten, aber niemals fertiggestellten Pfarrkirche mit ihrem bemerkenswerten Portal und herrlichen Glasfenstern. Ein Reliquienschrein im Chor der Kirche birgt die Asche des heiligen Florentinus.

Flußaufwärts gelangen wir in das alte Städtchen Tonnerre, dessen Häuser sich unter hoch aufragenden Kirchtürmen an einen Hang schmiegen. Eine Besichtigung lohnt vor allem das Hospital aus dem späten 13. Jahrhundert mit seiner reich ausgeschmückten Kapelle.

Sehenswert sind auch zwei Schlösser am Mittellauf des Armançon, das von Park und Wassergräben umgebene mächtige Schloß Tanlay aus dem 16. Jahrhundert und das wohl schönste Renaissanceschloß Burgunds, das Château von Ancy-le-Franc, in dessen Wirtschaftsgebäuden in den Sommermonaten Ausstellungen moderner Kunst veranstaltet werden.

Für Campingfreunde und Wassersportler ist besonders der zwischen Saint-Florentin und Nuits-sous-Ravières gelegene Abschnitt des Armançon von Interesse. Hier finden sich nicht nur einige herrlich angelegte Campingplätze, sondern hier ist auch der Fluß mit seiner starken Strömung und seinen vielen Stromschnellen ein wahres Paradies für Kanuten, die sich in einem außergewöhnlich schönen landschaftlichen Rahmen tummeln können.

Das schöne Serein-Tal

Unweit der Stelle, wo sich der Armançon in die Yonne ergießt, mündet ein zweites Flüßchen, der Serein, dessen lieblichem Tal wir nun folgen wollen. Sanfte, großenteils bewaldete Hügel begrenzen hier den Horizont. Eingebettet in das Tal sind Dörfer und etliche alte Städtchen, die uns mit manchen sehenswerten Baudenkmälern überraschen.

Dies gilt besonders für Seignelay, die erste größere Ortschaft, die wir von der Yonne aus erreichen. Seine Bedeutung verdankte das Städtchen Colbert, dem Minister Ludwigs XIV., der es zum Marquisat erhob und das alte Schloß durch die großen Baumeister restaurieren ließ, denen wir Versailles verdanken. Von ihren Schöpfungen ist leider nicht mehr viel erhalten: Außer einigen schiefergedeckten Nebengebäuden hat nur der große Park die Jahrhunderte überdauert. Aus der Zeit Ludwigs XIV. stammt noch eine schöne hölzerne Halle an der Place Colbert, zu der eine breite Straße führt. Die Kirche Saint-Martial wurde im 15. Jahrhundert erneuert und später mit einem prächtigen Renaissanceportal geschmückt; vom ursprünglichen romanischen Gotteshaus sind nur noch kleine Teile erhalten.

Zwischen den Wäldern von Pontigny und Saint-Germain führt die Straße durch mehrere Dörfer nach Pontigny mit seiner berühmten ehemaligen Abtei, die 1114, wenige Jahre nach Citeaux, von Benediktinermönchen gegründet wurde. Unter dem Abt Thibault de Champagne blühte das Kloster rasch auf, und schon in der zweiten Hälfte des 12. Jahrhunderts errichteten die Mönche eine neue große Kirche im romanischen Stil. Das Kloster ist längst zerfallen, aber das Gotteshaus ist uns erhalten geblieben. Eine schattige Allee führt zu dem von einem mächtigen Bogen überspannten Doppelportal, durch das wir in das eindrucksvolle, nach Art der Zisterzienser weitgehend schmucklose Innere der Kirche gelangen.

Von den Baulichkeiten der Abtei des 12. Jahrhunderts ist nichts mehr zu sehen; sie wurde im

Oben ein alter Waschteich in Tonnerre, »Fosse de Diane« genannt. Rechts oben die eindrucksvollen Felsen von Saussois, darunter die berühmte romanische Kirche der ehemaligen Zisterzienserabtei Pontigny.

Verlauf der Französischen Revolution praktisch vollständig zerstört. Gegen Mitte des 19. Jahrhunderts errichteten Mönche ein neues Kloster, das jedoch 1901 nach der Trennung von Kirche und Staat wieder aufgehoben wurde. Danach gab es mehrere Initiativen, um die Baulichkeiten zu restaurieren und darin ein Kulturzentrum einzurichten; Dichter wie Gide, Mauriac und Thomas Mann beteiligten sich daran. Später beherbergten die Gebäude eine französisch-amerikanische Schule, ehe sie 1968 in ein Resozialisierungszentrum umgewandelt wurden.

Weiter führt uns die Straße nach Ligny-le-Châtel mit seiner interessanten romanischen Kirche, die später einen gotischen Chor erhielt, und durch Wälder, Obstgärten und Rebhänge nach Chablis, dem ersten bedeutenden Weinort Burgunds, der durch seinen charakteristischen herben Weißwein weltberühmt geworden ist. Beachtung verdient hier aber nicht nur der Wein, sondern auch die ehemalige Klosterkirche Saint-Martin, ein romanisches Gotteshaus aus dem 13. Jahrhundert, in dem die Reliquien des heiligen Martin aufbewahrt sind. In dem Städtchen säumt eine wunderschöne Uferpromenade den Fluß.

Hinter Chablis folgt die Straße den Windungen des Serein. An seinem Oberlauf, der uns in die Ausläufer des Morvan hineinführt, liegen abseits von den Touristenströmen einige sehenswerte Ortschaften, so Noyers mit seinen Rundtürmen, einer interessanten Kirche und etlichen mit Holzschnitzereien geschmückten Häusern aus dem 15. Jahrhundert. In eine prächtige Landschaft eingebettet sind L'Isle-sur-Serein und das Dorf Montréal, einst Lehen der Familie Brunchaut, die im 16. Jahrhundert eine Kirche errichten ließ, in der vor allem das ausgezeichnet erhaltene, reich skulptierte Chorgestühl einen Besuch lohnt.

Oben: Häuser mit ausladenden Bogengängen (13.–15. Jahrhundert) säumen den Rathausplatz in Noyers. Mitte: Das Portal der Kirche von Montréal, darunter eine typisch burgundische Schnitzerei, die ein Chorgestühl schmückt. Rechts oben ein Blick auf Chablis, ganz außen ein geschnitzter Gebälkträger an einem Haus in der Rue du Poids-du-Roy in Noyers. Rechts unten Turm der Stadtbefestigung und der Serein.

Das Châtillonnais und das Pays des Tilles

Der Norden Niederburgunds zerfällt in mehrere *pays,* Landschaften, die nach ihrem Hauptort benannt sind. Zwischen dem Armançon und dem Oberlauf der Seine und ihrer Nebenflüsse Ource und Aube erstreckt sich das Châtillonnais, das Burgund zur Champagne hin abgrenzt.

Hauptort dieser Landschaft ist das in ihrem Herzen gelegene Châtillon-sur-Seine, ein kleines Städtchen, das wiederholt in der Geschichte Frankreichs eine bedeutende Rolle gespielt hat. Hier traf sich 1814 Napoleon mit den Abgesandten seiner Feinde, um seine Abdankung zu unterzeichnen. Genau hundert Jahre später erließ General Joffre in seinem Hauptquartier in Châtillon jenen Tagesbefehl, der den Franzosen wenig später in der entscheidenden Marneschlacht den Sieg brachte.

Aber die Geschichte des Ortes reicht viel weiter zurück. Daß das Gebiet bereits im 6. vorchristlichen Jahrhundert besiedelt war, beweist der berühmte »Schatz von Vix«, der im städtischen Museum in der Maison Philandrier zu bewundern ist. Hierbei handelt es sich um wertvolle Funde, die ab 1953 in dem sechs Kilometer nördlich von Châtillon gelegenen Vix unweit des Mont Lassois im Grab einer keltischen Fürstin gemacht worden sind. Prächtigstes Stück ist das größte erhaltene Bronzegefäß der Antike, ein griechischer Mischkrug mit einer Höhe von 1,64 und einem Durchmesser von 1,45 Meter, der mit Darstellungen von Streitwagen und Kriegern geschmückt ist. Weitere Sehenswürdigkeiten in Châtillon sind die Drouix-Quelle, die am Fuß einer schroffen Felswand entspringt und um die man einen Park geschaffen hat, sowie die Kirche Saint-Vorles aus dem 11. Jahrhundert mit einer noch älteren Krypta und einem Turm aus dem 13. Jahrhundert.

Nördlich von Châtillon finden wir Les Riceys, drei Dörfer mit je einer sehenswerten Renaissancekirche. Weinkenner schätzen den vorzüglichen Rosé dieser Gegend. Weiter östlich hat das Schloß von Montigny-sur-Aube sein mittelalterliches Aussehen noch weitgehend bewahrt.

Westlich davon trennt das Ource-Tal zwei große Wälder, den Wald von Châtillon und den Chaume-Wald, der Burgund zur Champagne hin begrenzt. Im Süden gelangen wir zum Plateau de Langres, das die Wasserscheide zwischen Atlantik und Mittelmeer bildet. Hier beginnt das Pays des Tilles; die dort entspringenden Gewässer fließen zur Saône und damit ins Mittelmeer. Das Pays des Tilles ist mit seinen Dörfern und Städtchen eine Landschaft für Touristen, die das Besondere lieben. Sie finden hier alte Burgen und Schlösser, Teiche und Wälder, Wehrhöfe und sogar heidnische Tempel (Lux) und vorgeschichtliche Ausgrabungsstätten (Montfourose). Aber auch Campingfreunde, Jäger und Angler kommen hier auf ihre Kosten.

Einen Besuch lohnen in Is-sur-Tille die Kapuzinerpromenade, in Selongey die alten Häuser an der Place des Halles, in Til-Châtel eine romanische Kirche mit reich skulptierten Kapitellen, in Grancey ein Schloß aus dem 17. und 18. Jahrhundert mit Zugbrücke und Kapelle, das in seinen ältesten Teilen auf das 12. Jahrhundert zurückgeht, und schließlich am Westrand des Plateau de Langres Saint-Seine-l'Abbaye mit den Resten einer Benediktinerabtei, nach der das Dorf benannt ist. Von ihr ist außer der romanisch-gotischen Kirche aus dem frühen 13. Jahrhundert noch das Palais abbatial aus dem 18. Jahrhundert erhalten.

Links oben die Kirche Saint-Vorles in Châtillon-sur-Seine, darunter eine alte Schleuse bei Til-Châtel. Recht oben die alte Steinbrücke, die die Seine bei Châtillon-sur-Seine überspannt, darunter ein von Grün überwuchertes Haus am Weiher von Rogny.

Zwischen Armançon und Seine

Das im Süden an das Châtillonnais angrenzende Gebiet liegt abseits der großen Durchfahrtsstraßen und Touristenströme, doch ist es nicht minder reizvoll und interessant. Es war Schauplatz einiger historisch bedeutsamer Ereignisse; hier lebten und wirkten manche Menschen, die ihre Zeit und die Nachwelt beeinflußt haben.

Zu ihnen gehört der 1707 in Montbard geborene Georges Louis Leclerc Graf von Buffon, der zunächst Rechtswissenschaften studierte, dem burgundischen Parlament angehörte und dann mit seiner *»Allgemeinen und speziellen Naturgeschichte«* zum bedeutendsten Naturforscher seiner Zeit wurde. Seinen Spuren begegnen wir in dem Industriestädtchen Montbard, wo er einen Teil des väterlichen Schlosses niederlegen ließ, um einen prächtigen Park anzulegen, der heute eine Vielzahl einheimischer und exotischer Pflanzen enthält. Auf schönen Wegen kann man ihn kreuz und quer durchstreifen, Reste der alten Mauern, den Aubespin-Turm und Buffons Arbeitszimmer in einem anderen Turm besichtigen. Beigesetzt wurde der Wissenschaftler in einer Kapelle neben dem Stadtpalast, den er sich an dem heute nach ihm benannten Platz erbauen ließ.

Montbard war Schauplatz historischer Ereignisse: In der Burg der Herzöge von Burgund, von der nur noch kärgliche Reste erhalten sind, rief Philipp der Kühne die Generalstände von Burgund zusammen, und später wurde hier Anna von Burgund, die Tochter Johanns des Unerschrockenen, mit dem Herzog von Bedford, dem Sohn des englischen Königs, getraut.

Von Montbard führt ein sechs Kilometer langes Sträßchen zu der in einem einsamen Tal gelegenen ehemaligen Abtei Fontenay. Sie wurde 1118 vom heiligen Bernhard gegründet, dessen Vater Graf von Montbard war. Nach jahrhundertelanger Blüte hatte die Abtei schwer unter den Wirren der Hugenottenkriege zu leiden und wurde schließlich im Verlauf der Französischen Revolution aufgehoben. Der Zerstörung entging sie, weil man sie in eine Manufaktur umwandelte. Erst zu Beginn unseres Jahrhunderts besann man sich wieder auf ihre ursprüngliche Bestimmung und restaurierte die Baulichkeiten, so daß die in allen ihren Gebäuden erhaltene Zisterzienserabtei sich jetzt wieder in ihrem alten Aussehen darbietet.

Südöstlich von Fontenay liegt Bussy-le-Grand am Rand einer Hochebene, die das Rabutin-Tal beherrscht. Im Ort selbst lohnt die romanische Kirche einen Besuch, aber sehenswert ist vor allem die bezaubernde Umgebung mit dem Ruelles-Tal, dem Nibat-Wasserfall und dem Felsen von Vau, nicht zu vergessen das Schloß Bussy-Rabutin, ein wunderschöner, von mächtigen Rundtürmen flankierter Renaissancebau.

Ganz in der Nähe liegt unweit des Eisenbahnknotenpunkts Laumes das geschichtsträchtige Alesia, das heutige Alise-Sainte-Reine. Hier brach 52 v. Chr. die von Vercingetorix angeführte Erhebung der gallischen Stämme gegen die römischen Legionen Cäsars zusammen. Erst nach diesem entscheidenden Sieg war es den Römern möglich, ganz Gallien (das heutige Frankreich bis hinein nach Belgien) zu erobern und in den nachfolgenden Jahrhunderten gründlich zu romanisieren.

Links oben das Schloß von Montbard, in dem der große Naturforscher Buffon geboren wurde und lebte; darunter die Klosterschmiede und die Abtei Fontenay, die auf das 12. Jahrhundert zurückgehen, ganz unten der Kreuzgang. Rechts oben Gesamtansicht der Abtei Fontenay. Darunter und auf der folgenden Doppelseite Schloß Bussy-Rabutin mit dem herrlichen, Le Nôtre zugeschriebenen Park.

Langres und sein Plateau

Das waldreiche Plateau von Langres, dessen Bewohner sich seit alters von Holz- und Weidewirtschaft ernähren, greift von Burgund in die Champagne über. Es ist ein Teil der Wasserscheide zwischen Atlantik und Mittelmeer. Seine, Aube und Marne, die hier entspringen, fließen nach Norden, während die Vingeanne, ein Nebenfluß der Saône, nach Süden strebt.

Das Plateau liegt zwischen den Durchgangsstraßen N 71 und N 74 und damit abseits der Touristenströme. Es lohnt sich jedoch, einen Abstecher in diese wunderschöne Landschaft mit ihren Wasserfällen, interessanten Kirchen und alten Schlössern und Burgen zu machen. Am Nordrand des Plateaus finden wir Arc-en-Barois mit einem Schloß in einem großen Park und einer auf das 13. Jahrhundert zurückgehenden Kirche.

Am Ufer der Aube liegt die 1133 gegründete Zisterzienserabtei von Auberive, die heute als Ferienkolonie dient. Ganz in der Nähe erreicht das Plateau von Langres mit 513 Meter ü. M. seine größte Höhe. Etliche sehenswerte Kirchen finden wir im Tal der Vingeanne, das an das Pays des Tilles im Osten angrenzt, so in Isômes ein romanisches Gotteshaus aus dem 12. Jahrhundert mit einem quadratischen Turm, der eine achteckige Haube trägt. Aus dem gleichen Jahrhundert stammt der Chor der Kirche von Montseaugeon. Eine Kirche im romanisch-burgundischen Stil (12.–13. Jahrhundert) steht in Sainte-Seine-sur-Vingeanne; Schlösser und Herrensitze können wir in Rosières, Beaumont und Talmay besichtigen.

Langres gehört heute administrativ und wirtschaftlich zur Champagne, war aber in gallo-römischer Zeit als Hauptort der keltischen Lingonen eng mit dem burgundischen Gebiet verknüpft. Der von den Römern *Andematunum* genannte Ort verbündete sich mit den Römern und erlangte wegen seiner strategischen Lage große Bedeutung. Er wurde

Links oben das Zentrum von Langres; unten Schloß Vivay bei Ancy-le-Duc. Rechts oben die Kirche von Sainte-Seine-l'Abbaye, unten eine Gesamtansicht dieses auf dem Plateau von Langres gelegenen Ortes, in der Mitte ein Blick in das Musée Saint-Didier in Langres.

zum Stützpunkt ausgebaut und im Laufe von Jahrhunderten stark befestigt. Ab dem 9. Jahrhundert gehörten die Bischöfe von Langres (die Stadt soll schon im ausgehenden 2. Jahrhundert Bischofssitz geworden sein) zu den mächtigsten Männern des Westfränkischen Reiches; auch sie ließen die Befestigungsarbeiten fortführen. Ein Großteil der alten Mauern und Türme ist noch heute erhalten.

Den schönsten Blick auf die Stadt und ihre Umgebung haben wir von der vier Kilometer langen Promenade aus, die auf den Stadtmauern angelegt wurde. Sie beginnt bei der Porte des Moulins (1647) und führt über die Tour Saint-Ferjeux (15. Jahrhundert) und Türme aus dem 16. und 17. Jahrhundert zum ältesten Tor, der Porte Gallo-Romaine (2. Jahrhundert) und schließlich zum mächtigen Doppelturm des Navarre et d'Orval (16. Jahrhundert), dessen Mauern zehn Meter stark sind.

Ein sehr schönes Beispiel burgundischer Romanik mit frühgotischen und klassizistischen Elementen ist die Kathedrale Saint-Mammès, die auf das 12. Jahrhundert zurückgeht; die Fassade wurde im 18. Jahrhundert klassizistisch erneuert. Sehenswert sind auch der Kreuzgang (Teile aus dem 13. Jahrhundert) und der Kirchenschatz.

In schönen Renaissancepalästen sind etliche interessante Museen untergebracht, so an der Place de Verdun das Musée du Breuil de Saint-Germain mit einer Sammlung, die an den bedeutendsten Sohn der Stadt erinnert, an den Enzyklopädisten Denis Diderot, der hier 1713 geboren wurde.

Vom Auxois nach Saulieu

Das Auxois zwischen Alesia und Arnay-le-Duc gehört noch zur Region Bourgogne, aber das Gebiet von Saulieu bis Signal-de-Bard rechnet bereits zum Morvan.

Das Auxois ist ein liebliches, von gastfreundlichen Menschen bewohntes Hügelland mit Wäldern, Weiden und zahlreichen alten Kirchen und Schlössern. An seiner Schwelle überragt der 407 Meter hohe Mont Auxois die Ebene von Laumes. An einem Hang des Berges hat man zur Erinnerung an die Schlacht bei Alesia ein Bronzedenkmal des Gallierfürsten Vercingetorix errrichtet. Eine Orientierungstafel zeigt, wo die römischen Truppen bei der Belagerung Alesias aufgestellt waren. Auf beiden Seiten standen sich schätzungsweise über 300 000 Krieger in einem blutigen Gemetzel gegenüber, das mit einer vernichtenden Niederlage der verbündeten Keltenstämme endete. Um diese vor der völligen Zerschlagung zu bewahren, ergab sich Vercingetorix dem Sieger. Er mußte sich in Cäsars Triumphzug durch die Straßen Roms führen lassen und verbrachte nach dieser Demütigung sechs Jahre im Kerker, ehe er auf Cäsars Befehl erdrosselt wurde.

Durch Ausgrabungen weiß man, wo sich das keltische Alesia befunden hat, das später von den Römern in Besitz genommen und bis zum 2. nachchristlichen Jahrhundert durch zahlreiche Bauten ausgeschmückt und erweitert wurde. Ganz in der Nähe erhebt sich heute Alise-Sainte-Reine. Der Zusatz »Sainte-Reine« erinnert an die heilige Regina, eine junge Christin, die im 3. Jahrhundert den Märtyrertod durch Enthaupten erlitt, nachdem sie sich geweigert hatte, den römischen Statthalter Olibrius zu heiraten. An der Stätte ihres Martyriums entsprang eine wundertätige Quelle, die noch heute nach ihr benannt ist.

Ihre sterblichen Überreste wurden im 9. Jahrhundert in die Krypta der in karolingischer Zeit erbauten Kirche Saint-Genest im nahen Flavigny-sur-Ozerain überführt. Auch in diesem Städtchen mit den Überresten der Mauern und Tore der alten Festungsanlagen, einem Kloster und mehreren Kirchen ist die Vergangenheit noch lebendig.

Der einstige Hauptort des Gebiets, Semur-en-Auxois, liegt malerisch hoch über einem Mäander des Armançon, der sich hier eine tiefe Schlucht gegraben hat. Mit seiner zum Teil noch erhaltenen Umwallung, mit Türmen, Toren und alten Dächern wirkt das Städtchen ausgesprochen mittelalterlich. Die Hauptkirche Notre-Dame zählt zu den schönsten Schöpfungen der burgundischen Gotik. Seine strategische Lage machte Semur im Mittelalter zu einer wichtigen Festungsstadt; in ihrem Zentrum erhebt sich eine trutzige Zitadelle, die durch eine mit achtzehn Türmen bewehrte Mauer geschützt war. Erhalten sind davon noch die Tour de l'Orle d'or (1589), die heute ein Museum beherbergt, sowie das Guillier- und das Sauvigny-Tor aus dem 15. Jahrhundert. Auf den Mauern hat man eine Promenade angelegt, die hoch über dem Fluß verläuft. Semur kann sich einer Schule rühmen, die von König Franz I. (1494–1547) gegründet worden ist, aber noch älter sind die Pferderennen, die alljährlich Tausende von Besuchern anlocken: Sie wurden nachweislich erstmals 1369 veranstaltet.

Im Tal des Serein, das parallel zum oberen Armançon-Tal verläuft, liegt Précy-sous-Thil, eine uralte Siedlung aus keltisch-römischer Zeit. Die interessantesten Bauten dieses Ortes sind die altehrwürdige Stiftskirche und die Burg, die an der Stelle des alten *oppidum* errichtet wurde.

Weitere sehenswerte Kirchen und Schlösser finden wir in der Nachbarschaft, so in Aisy-sous-Thil, Fontagny, Marcilly-sous-Thil, Missery, Thostes und Vic-sous-Thil. In Saulieu befinden wir uns schon im Morvan. Dieses Städtchen war viele Jahrhunderte lang eine wichtige Zwischenstation für Reisende. Die romanische Basilika Saint-Andoche geht auf das 12. Jahrhundert zurück, wurde allerdings später mehrmals wenig glücklich umgebaut. Das weiter östliich gelegene Arnay-le-Duc bezeichnet sich als Tor zum Morvan-Naturpark, der sich zwischen Saulieu und Chalon erstreckt.

Links oben Alesia, daneben die Überreste des Oppidums und das Vercingetorix-Denkmal. Links unten das Schloß von Châteauneuf-en-Auxois. Rechts oben eines der schönen Häuser in dem reizvollen Städtchen Semur-en-Auxois. Unten Blick auf Arnay-le-Duc, unten rechts der Brunnenplatz vor der Basilika Saint-Andoche in Saulieu.
Folgende Doppelseite: Blick auf Semur-en-Auxois.

Avallon, das Tor zum Morvan

Der Morvan, der »schwarze Berg«, ist ein formenreiches Bergmassiv im Herzen der Bourgogne, das sich mit seinen Granitwänden besonders im Südteil deutlich von den angrenzenden Ebenen und sanft geschwungenen Hügellandschaften abhebt. Es ist großenteils bewaldet und von zahlreichen Bächen und Flüssen durchzogen, die man teilweise zu malerischen Seen aufgestaut hat. Nahezu diese ganze Berglandschaft ist als Naturpark (Parc Naturel Regional du Morvan) geschützt.

Im Herzen des Naturschutzgebiets liegt das mauerumgürtete Avallon am Rande eines Steilhangs hoch über dem Cousin-Tal. Im Mittelalter war die Stadt eine Festung, die den Weg nach Niederburgund sicherte. Zwar wurde ein Großteil der Bollwerke im 17. Jahrhundert geschleift, doch blieben rings um die Altstadt große Mauerabschnitte und mehrere Türme und Tore erhalten, so die Petite-Porte, die Porte Auxerroise, die Tour Gaujard, die Tour du Chapitre, die Tour des Vaudois und als ältester Turm die von Johann dem Unerschrockenen errichtete Tour Beurdelaine.

Den schönsten Blick auf die Türme und Kirchen der Stadt hat man von dem außerhalb der Mauern gelegenen Parc des Chaumes aus.

Die Kirche Saint-Lazare wurde im 12. Jahrhundert an der Stelle eines älteren Gotteshauses errichtet, um die von Heinrich dem Großen von Burgund der Stadt geschenkten Reliquien des heiligen Lazarus aufzunehmen. Von der alten Kirche ist nur noch die Krypta unter dem Chor geblieben. Der Kirchturm wurde 1670 erbaut, nachdem er romanische Turm vierzig Jahre früher eingestürzt war. Der romanische bauplastische Dekor an Portal und Fassade hat stark gelitten, doch kann man steilenweise noch erkennen, wie schön das Gotteshaus einst geschmückt war.

An der Hauptstraße der Altstadt (Grande-Rue Aristide Briand und Rue Bocquillot) finden wir den aus dem 15. Jahrhundert stammenden Uhrturm mit Schieferdach und Laterne, der einst als Wachturm diente. Mehrere Häuser aus dem 15. und 16. Jahrhundert liegen zwischen dem Turm und der Lazaruskirche.

Auch die Orte und Landschaften rings um Avallon lohnen einen Besuch. Wenn wir dem Cousin nach Norden folgen, kommen wir nach Blannay, wo die Cure einmündet. Tiefer im Tal der Cure gelangen wir nach Vault de Lugny. Hier ist vor allem der Kreuzweg in der Kirche sehenswert, dessen eindrucksvolle Fresken die Wände von Chor und Langhaus schmücken.

In entgegengesetzter Richtung führt uns das Cousin-Tal nach Meluzien und weiter über Moulin-Cadoux nach Marrault mit seinem Schloß, in dem im 19. Jahrhundert der bedeutende Chemiker und Bakteriologe Louis Pasteur (1822–1895) lebte, der nicht nur das nach ihm benannte Konservierungsverfahren entdeckte, sondern auch die Erreger von Infektionskrankheiten wie Cholera und Tollwut.

Avallon. Oben Blick auf die Stadt, daneben der kleine Platz vor der Kirche Saint-Lazare mit dem Uhrturm im Hintergrund. Unten links der Chor des Gotteshauses, rechts ein Teil der alten Stadtbefestigung.

Das obere Cousin-Tal

Hinter Moulin-Cadoux wird der Cousin mehr und mehr zu einem ungestümen Gebirgswasser, das ein schmales bewaldetes Tal durchfließt. Hier finden sich nur wenige kleine Weiler, die durch enge Straßen miteinander verbunden sind. Weitere Gebirgsflüsse und Bäche, die sich auf ihrem Lauf durch Wiesen und Wälder oft zu Tümpeln und Seen erweitern und nach anhaltenden Regenfällen und zur Zeit der Schneeschmelze über ihre Ufer treten, münden von beiden Seiten ein, so der Creusant, die Romanée und der Tournesac.

Auf der Hochfläche zwischen dem Cousin und dem Tal der Cure liegt Quarré-les-Tombes in einer wunderschönen Waldlandschaft. Benannt ist der Ort nach den Sarkophagen, die man rings um die Kirche gefunden hat und die man noch zu Hunderten sehen kann: Einst führte hier die Pilgerstraße nach dem spanischen Wallfahrtsort Santiago de Compostela vorbei, und zur Zeit der Merowinger und Karolinger war im Ort die Herstellung von Sarkophagen ein blühendes Gewerbe.

Zwischen Quarré-les-Tombes und der Cure erstreckt sich der Forêt du Duc (Herzogswald) mit dem Feenfelsen, der interessanten Markuskapelle und bewaldeten Anhöhen, die im Bois de la Peirouse bis zu sechshundert Meter hoch ansteigen.

Malerisch ist auch der Forêt de Saint-Léger östlich von Quarré-les-Tombes mit dem Dorf Saint-Léger-Vauban, das früher Saint-Léger-de-Foucheret hieß. Umbenannt wurde es nach seinem berühmtesten, 1633 geborenen Sohn, Sébastien de Prestre, der später zum Marquis de Vauban aufstieg. Als armer Waisenknabe trat er in die Armee des Prinzen von Condé ein, wurde von den königlichen Truppen gefangengenommen und begann ein Studium der Militärarchitektur, das er mit zweiundzwanzig Jahren abschloß. In königlichen Diensten wurde er bald zum berühmtesten Festungsbaumeister seiner Zeit, der in Frankreich mehr als dreihundert Festungen und befestigte Städte schuf. Damit wurde er zum genialen Neuerer des Kriegswesens, aber im Grund seines Herzens war er ein friedliebender, mitfühlender Mensch, wie sein dem König unterbreiteter Vorschlag beweist, den Reichen eine Sondersteuer aufzuerlegen, um die Not der Ärmsten zu mildern. Trotz seiner Verdienste fiel er deswegen gegen Ende seines Lebens bei Hof in Ungnade.

Wenige Kilometer hinter Saint-Léger-Vauban ändert der Cousin seinen Namen und heißt von da ab nach einem kleinen Dorf Trinquelin. Die nahe Abbaye de la Pierre-qui-Vire ist nach einem auf hohem Fels ruhenden Findling benannt. Das Kloster wurde 1850 in unberührter Abgeschiedenheit von dem frommen Heidenmissionar Pater Muard gegründet und ist heute ein bedeutendes Zentrum katholischen Kulturlebens. Die Mönche des Klosters geben nicht nur die angesehene Zeitschrift *»Zodiaque«* heraus, sondern auch zahlreiche Schriften über sakrale Architektur und Kunst, die sich in erster Linie mit den Schöpfungen der Romanik befassen.

Links und rechts oben Ansichten aus dem Cousin-Tal nahe der Ruats-Mühle. Unten die berühmten Sarkophage um die Kirche von Quarré-les-Tombes; nach diesen Sarkophagen ist der Ort benannt. Rechts unten Blick in den Garten der Abtei La Pierre-qui-Vire; der namengebende Findling ist links im Bild zu erkennen.

Das Tal der Cure von Cravant bis Vézelay

Unter allen Tälern der Morvan ist das Cure-Tal am bekanntesten. Nicht nur ist es von außergewöhnlicher landschaftlicher Schönheit, sondern es lockt auch wegen seiner interessanten Baulichkeiten und Wassersportmöglichkeiten zahlreiche Besucher an. Mit seinem Fischreichtum ist der Fluß ein wahres Anglerparadies.

Zur Zeit der Römer hieß der Fluß bis ins 6. Jahrhundert Chora; aus dem 7. bis 9. Jahrhundert ist der Name Quera überliefert, woraus im 14. Jahrhundert

Quère, im 16. Jahrhundert Quehure, dann Chores und nach der Angliederung des Morvan an Frankreich schließlich Cure wurde.

Heute dient der Fluß vor allem dem Kanu- und Kajak-Sport (Wildwasser-Regatten auf dem Oberlauf), doch in früheren Jahrhunderten war er ein wichtiger Transportweg für die Holzwirtschaft, auf dem die im waldreichen Tal geschlagenen Baumstämme zu den flußabwärts gelegenen Sägewerken geflößt wurden. Die Flößerei ist schon für das 16. Jahrhundert bezeugt; im 19. Jahrhundert wurden rund 50 000 Ster Holz auf diesem Wege befördert. Von Auxerre her erreicht man das Cure-Tal bei Cravant, wo der Fluß in die Yonne mündet. Den Graben, der einst der Stadtmauer von Cravant vorgelagert war, hat man in eine schöne Promenade umgewandelt. Eine Besichtigung lohnt in dem Städtchen die aus dem 15. Jahrhundert stammende Kirche mit ihrem Renaissance-Turm. Von hier aus führt die Nationalstraße 6 ins Cure-Tal hinein.

Am Fuß der Hügelkette, die die Cure säumt, liegt

Links oben: Blick von der Côte de Chair bei Arcy-sur-Cure auf das Cure-Tal; daneben die die Yonne flankierenden Felsen von Saussois. Unten links und rechts zwei Ansichten der Tropfsteinhöhlen bei Arcy-sur-Cure.

Vermenton mit einer romanischen Kirche (12./13. Jahrhundert), bei der besonders das figurenreiche Portal und der Turm Beachtung verdienen. Malerischer ist das auf hohen Fels gelegene Arcy-sur-Cure mit eindrucksvollen Tropfsteinhöhlen, von denen freilich nur die Grande-Grotte der Öffentlichkeit zugänglich ist. Sie ist mehr als zwei Kilometer lang; bizarr gestaltete Stalagmiten und Stalaktiten bilden eine wunderschöne Abfolge von Galerien und »Sälen«.

Über zwanzig weitere Tropfsteinhöhlen säumen den oberen Lauf der Cure. Der bedeutende Naturforscher Buffon hat sie im 16. Jahrhundert besucht und erwähnt sie in seinen Schriften. Ein weiteres Naturschauspiel bietet der Grand Abri, ein weit vorkragender mächtiger Felsen. Über den Saint-Moré-Brunnen kommt man zur Roche Taillée, die in merowingischer Zeit als Steinbruch diente; aus den hier gewonnenen Steinblöcken stellte man Sarkophage her. Auf einer Anhöhe hoch über dem Fluß erhob sich in gallo-römischer Zeit die befestigte Siedlung Cora. Von ihr sind freilich nur noch spärliche Mauerreste und die Fundamente einiger Türme erhalten.

Von Saint-Moré führte die Straße nach Voutenay-sur-Cure, einem reizvoll gelegenen Dörfchen, und weiter nach Sermizelles. Hier mündet ganz in der Nähe der Cousin in die Cure ein. Doch wir wollen trotz der schönen Landschaft unsere Fahrt in südlicher Richtung fortsetzen. Bald schon sehen wir in der Ferne die Türme der Basilika von Vézelay, jenes Gotteshauses, das sicherlich das historisch und architektonisch interessanteste Baudenkmal des Cure-Tals ist.

Vézelay und seine Basilika

Ehe Vézelay zur Stätte des Gebets wurde, war es Schlachtfeld gewesen. Bei der Teilung des karolingischen Reiches war Niederburgund an die westfränkische (französische) Krone gefallen, aber Girart, der Herzog von Burgund, erkannte die Oberherrschaft Karls des Kahlen nicht an und erhob sich – wie viele andere Vasallen – gegen den König. Bei Vaubeton (Vaubouton) in der Nähe des Dorfes Saint-Père schlugen sich die verfeindeten Heere in blutigem Gemetzel, aber als plötzlich, wie ein altes Heldenlied zu berichten weiß, Feuer vom Himmel fiel und die beiden Heerbanner verschlang, brachen König und Herzog die Schlacht ab und versöhnten sich.

Girart ließ daraufhin dort, wo sich heute Vézelay erhebt, ein Nonnenkloster errichten. Es wurde von den Normannen zerstört, worauf der Herzog ein neues Kloster erbauen ließ, das von Papst Johannes VIII. 878, ein Jahr nach dem Tod Karls des Kahlen, geweiht wurde. Zweihundert Jahre danach übernahmen Mönche aus Cluny das Kloster und erstellten eine Kirche, in der die sterblichen Überreste der heiligen Maria Magdalena beigesetzt wurden. 1120 brach während einer Pilgermesse ein Brand aus; das Kirchengewölbe stürzte ein und begrub mehr als tausend Wallfahrer unter sich. Aber 1150 wurde das Gotteshaus wieder aufgebaut und mit der prächtigen romanischen Vorhalle ausgestattet, die man noch heute bewundern kann. An das romanische Langhaus schlossen sich im 13. Jahrhundert Querschiff und Chor in einem romanisch-gotischen Übergangsstil an.

Unter den Hugenottenkriegen des 16. Jahrhunderts und der Französischen Revolution (1789) hatte die Kirche schwer zu leiden. Getreu restauriert wurde dieses außergewöhnliche Beispiel mittelalterlicher Sakralbaukunst 1840–1856 durch Viollet le Duc, so daß Vézelay ab 1876 wieder zum Wallfahrtsort werden konnte. Bekannt wurde der Ort übrigens auch dadurch, daß hier 1146 der heilige Bernhard vor König Karl VII. und den Großen des Reiches zum Kreuzzug ins Heilige Land aufrief – ein Appell, der weitreichende Folgen haben und ungezählte Menschenleben fordern sollte.

Die Basilika Sainte-Madeleine beherrscht das Dorf und die umliegende Landschaft. Ungewöhnlich groß ist die romanische Vorhalle (Narthex) mit ihrem prächtigen Fassadenschmuck, unter dem besonders das Tympanon des Mittelportals mit der Darstellung der Aussendung der Apostel Beachtung verdient. Das von einem Tonnengewölbe überspannte Kirchenschiff ist fast ebenso lang wie das Langhaus von Notre-Dame in Paris. Hier und in der Vorhalle erzählen prächtig skulptierte Kapitelle Geschichten aus dem Alten und Neuen Testament. Solche bildlichen Veranschaulichungen der Heilsgeschichte waren in einer Zeit, da die Masse der Menschen weder lesen noch schreiben konnte, das wichtigste Mittel, um ihnen die christliche Lehre nahezubringen.

Zu Füßen der Basilika liegt das Dorf, dessen mittelalterliche Mauer ebenfalls im 19. Jahrhundert restauriert wurde. Viele der alten Häuser mit ihren reich geschmückten Eingängen und vorspringenden Erkern sind erhalten, so daß es sich lohnt, nach einer Besichtigung der Basilika auch die engen Gassen zu durchwandern und sich in der Atmosphäre des altehrwürdigen Dorfes in eine längst vergangene Zeit zurückversetzen zu lassen.

Vézelay. Links oben: Detail eines alten Hauses. Rechts oben: Blick auf Vézelay. Links unten das »Vier-Winde-Kapitell« im Langhaus der Basilika. Rechts unten Blick in die Basilika.
Folgende Doppelseite: Blick vom Dach der Basilika auf Vézelay.

Der obere Tal der Cure

Zu Füßen des Hügels, auf dem sich Vézelay erhebt, liegt das Dorf Saint-Père-sous-Vézelay, dessen sehenswerte Kirche Notre-Dame deshalb von besonderem Interesse ist, weil sie sich fast noch genau in dem Zustand befindet, in dem sie 1455 vollendet worden ist. Begonnen wurde mit dem Bau zweihundert Jahre früher, so daß wir an den einzelnen Teile des Gotteshauses fast lückenlos die Entwicklung des gotischen Baustils verfolgen können. Vor allem beachtenswert ist der kunstvoll gestaltete und reich skulptierte Turm aus dem 13. Jahrhundert.

Im einstigen Pfarrhaus ist heute ein archäologisches Museum mit Funden von den nahen gallo-römischen Thermen bei Fontaines-Salées untergebracht, wo seit 1942 Ausgrabungen vorgenommen werden. Die heilbringenden Quellen wurden in römischer Zeit genutzt, aber in den Wirren der Völkerwanderung zerstört. Nach jahrhundertelanger Vergessenheit dient das Heilwasser heute wieder zur Behandlung rheumatischer Erkrankungen.

Von Saint-Père bis zum Settons-See gräbt sich die Cure durch zum Teil enge und tiefe Schluchten, so durch die Schlucht von Pierre-Perthuis, die eine moderne Brücke in dreiunddreißig Meter Höhe überspannt. In der Nähe des Dorfes finden wir eine zweite, sehr alte Bogenbrücke und die Ruinen einer Burg. Weiter flußaufwärts überragt das Schloß Chastellux das Cure-Tal.

In ihrem Oberlauf hat man die Cure an mehreren Stellen aufgestaut, so bei Malassis, Crescent und vor allem bei Les Settons, wo der Fluß den dreihundertsechzig Hektar großen Settons-See bildet, der zum beliebten Wassersportzentrum (besonders Segeln und Windsurfen) geworden ist. Aber auch Angler kommen an den fischreichen Wassern auf ihre Kosten, und die herrlichen Wälder der Seen-

region bieten nicht nur Möglichkeiten für erholsame Spaziergänge, sondern sind auch reich an Wild. Hinter dem Settons-See bis fast hinauf zu ihrer siebenhundert Meter hoch auf dem Anostberg bei Crescent gelegenen Quelle bietet die Cure Möglichkeiten für Wildwasserfahrten aller Schwierigkeitsgrade. Wer sich mit seinem Kanu oder Kajak in das felsenreiche Flußbett mit seinen zahlreichen tückischen Stromschnellen wagen will, muß freilich schon einiges Können mitbringen.

In der »Région du Lac des Settons« befinden wir uns im Herzen des Morvan und seines Naturparks, in einer waldreichen Landschaft, die von engen Pfaden und zahlreichen Bergbächen durchschnitten

Links oben und unten Mitte: Der Weiler Saint-Père mit der schönen gotischen Kirche Notre-Dame. Links außen die Cure bei Pierre-Perthuis. Oben Mitte und rechts zwei Ansichten des Settons-Sees. Rechts unten und auf der folgenden Doppelseite die alte Steinbrücke bei Pierre-Perthuis.

wird. Wenn wir hier Urlaub machen wollen, finden wir nicht nur in einem direkt am See gelegenen Campingplatz (»Plage du Midi«) und in Les Settons Unterkunft, sondern auch in dem Dorf Montsauche, das fünf Kilometer vom Settons-See entfernt in sechshundertfünfzig Meter Höhe liegt. Es brannte zwar gegen Ende des Zweiten Weltkriegs fast völlig nieder, ist aber inzwischen wiederhergestellt und zu einer modernen Sommerfrische ausgebaut worden.

Unterhalb des Dorfes liegt Gouloux mit seinem sehenswerten Wasserfall (Saut du Gouloux). Weiter führt die Straße über das an einem kleinen See inmitten von Wäldern liegende Champeau zum Stausee von Saint-Agnan und dann hinab ins Tal des Cousin. Sehr fischreich ist im Westen der Chaumeçon-Stausee, zu dem man über eine Panorama-Straße von Lormes im Nivernais gelangt.

Château-Chinon
und die Berge des Morvan

Château-Chinon ist der Hauptort des Morvan, ein unscheinbares Städtchen, das sich jedoch auf geschichtsträchtigem Boden erhebt, am Hang eines 609 Meter hohen Berges, auf dem man die Überreste einer befestigten Siedlung der Gallier, eines römischen Lagers und einer mittelalterlichen Burg entdeckt hat. Heute krönt den Berg, von dem aus man eine wunderschöne Aussicht hat, ein aus drei Steinkreuzen bestehender Kalvarienberg. Von hier aus schweift der Blick über die schiefergedeckten Dächer des Städtchens und weiter zum 901 Meter hohen Mont-Folin und zum Mont Prénelay (855 Meter). Diese Berge bilden die Wasserscheide zwischen dem Seine- und dem Loire-Becken; nach Osten hin hat sich die Yonne ihre Schluchten gegraben.

Wer sich dafür interessiert, wie hier die Menschen früher gelebt haben, kann das *Musée du Folklore et du Costume* besuchen, das im Hôtel de Buteau-Ravisy in Château-Chinon eingerichtet worden ist. Hier sind nicht nur alte Trachten und Erinnerungsstücke aus der Zeit des Zweiten Kaiserreichs zu sehen, sondern auch ein rekonstruiertes altes Brautzimmer und die Klosterzelle einer Nonne.

Das Städtchen ist eine beliebte Sommerfrische, Ausgangsort für erholsame Ausflüge in die Anost-Wälder im Osten und die von Yonne und Touron durchflossenen Saint-Prix- und Gravelle-Wälder im Süden bis hin zum höchsten Berg des Morvan, dem Haut-Folin, in dessen Hänge die Canche ihre Schluchten eingegraben hat. Die Yonne entspringt am Mont-Prénelay, von dem aus man eine herrliche Rundsicht hat.

Von historischem Interesse ist auch der 821 Meter hohe Mont-Beuvray. Auf seinem Gipfel hat man die Überreste von Bibracte entdeckt, der befestigten Hauptstadt der gallischen Häduer, von der aus Vercingetorix 52 v. Chr. den Widerstand der gallischen Stämme gegen Cäsars römische Legionen organisierte. Einst war der Ort auch ein Kult- und Handelszentrum. Die Stadtmauer *(Fossé de Beuvray)* war sechs Kilometer lang und umschloß eine Fläche von hundertfünfunddreißig Hektar.

Auf der Höhe des Berges hat man eine Orientierungstafel aufgestellt, die das wunderschöne Panorama erschließt. Ein »Verein der Freunde des Mont-Beuvray« ist bemüht, unter einer tausendjährigen Buche die gallischen Kultfeiern wiederaufleben zu lassen.

Seit uralter Zeit bekannt und genutzt sind auch die radioaktiven Schwefelquellen von Saint-Honoré-les-Bains, die bei Asthma und anderen Erkrankungen der Atemwege Heilung bringen. Das kleine Thermalbad liegt in der Sohle eines Tales in einem wunderschönen Park. Von hier aus kann man lohnende Ausflüge unternehmen, so zur Vieille Montagne, von wo aus man weit in die Ferne sieht, oder zum Teich von Seu. Durch einen Wald gelangt man zum Chèvre-See und weiter nach Vandenesse, wo sich ein von massigen Türmen flankiertes mächtiges Schloß aus dem 15. Jahrhundert erhebt.

Oben links ein Weiler bei Château-Chinon. Rechts oben Blick auf Château-Chinon. Links unten die »Pierre Aigue« beim Thermalbad Saint-Honoré-les-Bains. Rechts unten der Pannesière-Stausee.

Nevers und das Nivernais

Im Westen der Bourgogne ist das Hügelland des Nivernais eine Landschaft, die wie der Morvan in mehrere *pays* (z. B. das Bazois oder die Amognes) gegliedert ist. Hier fallen die bewaldeten Berge des Morvan mit von Hecken und Weinbergen bedeckten Hängen zum Tal der Loire hin ab, gleichsam das Gegenstück der burgundischen *Côte*.

Einst gehörte das Nivernais zum Königreich Burgund. Erst als es im 10. Jahrhundert Grafschaft geworden war, stellte es sich unter den Schutz der französischen Könige, was zu jahrhundertelangen Auseinandersetzungen mit den burgundischen Herrschern führte, die bis zur Französischen Revolution hin andauerten; 1790 wurde das inzwischen zum Herzogtum erhobene Gebiet zum Département Nièvre, benannt nach dem wichtigsten Fluß dieser Landschaft.

Drei Straßen führen vom Yonne-Tal ins Tal der Loire: die D 965 von Auxerre, die D 977 von Clamency und die D 978 von Château-Chinon. Alle drei treffen sich in dem am Zusammenfluß von Nièvre und Loire gelegenen Nevers, einer uralten

Nevers. Links oben ein altes Fachwerkhaus, daneben die malerische Porte du Croux. Links Mitte die Marienkapelle, daneben Detail des Mittelturms des Herzogspalasts. Ganz unten der Herzogspalast in Gesamtansicht. Rechts oben die Kathedrale und der Herzogspalast mit seinem Garten. Rechts unten der Canal du Nivernais.

Stadt mit zahlreichen Bauten, die ihre historische Bedeutung sichtbar machen. Sie geht zurück auf das gallo-römische *Noviodunum* und war seit dem 9. Jahrhundert Hauptort der Grafschaft (ab 1538 Herzogtum) Nivernais.

Mit dem Bau der Kathedrale Saint-Cyr-et-Sainte-Juliette wurde im 10. Jahrhundert begonnen. Im 14. Jahrhundert geweiht, wurde sie im 16. Jahrhundert im Stil der Hochgotik umgestaltet, doch blieb die romanische Westapsis – in Frankreich eine große Seltenheit – mit der darunterliegenden Krypta von 1028 unverändert. Die Ostapsis ist ebenso gotisch wie die Gewölbe des Langhauses und das äußere Strebenwerk.

Ein eleganter Renaissancebau (15.–16. Jahrhundert) mit flankierenden Rundtürmen, Fassadentürmchen und laternengekröntem Mittelturm ist der ehemalige Herzogspalast, der heute als Justizgebäude dient.

Sehenswert ist in Nevers ferner die Kirche Saint-Etienne (1063–1097), ein in rein romanischem Stil erhaltenes Gotteshaus, das einst zu einer cluniazensischen Klostergründung gehörte. Die beiden Fassadentürme und der Vierungsturm wurden freilich während der Französischen Revolution zerstört.

Zur Stadtbefestigung gehörte früher die Porte du Croux aus dem 14. Jahrhundert mit interessanten Ecktürmchen, die heute das Archäologische Museum beherbergt.

In nördlicher Richtung führt die Straße von Nevers längs der Loire nach Pougues-les-Eaux, einem bekannten Thermalbad, und weiter nach La Charité-sur-Loire, einem Städtchen, das vom 11. Jahrhundert bis 1790 Sitz eines cluniazensischen Priorats war. Von der Prioratskirche Notre-Dame sind allerdings nur noch der Heilig-Kreuz-Turm, vier Joche des Langhauses, das Querschiff und der Chor im alten Zustand erhalten; der Bau aus dem 12. Jahrhundert wurde später verändert und recht unbefriedigend restauriert.

Im weiteren Verlauf gelangt man zu den Weinbergen der Loire, die die Hänge beidseits des Flusses von Pouilly-sur-Loire bis Sancerre bedecken.

Links und rechts oben: Weiden am Canal du Nivernais und bei Mailly-le-Château. Unten die Loire bei Hameau des Loges, im Vordergrund der renommierte Weinberg von Pouilly.

Dijon, die Hauptstadt der Bourgogne

Historische Städte wachsen wie Bäume: Die Schichten, in denen sich die lebendige Weiterentwicklung vollzieht, umschließen den Kern, aus dem heraus sie entstanden sind. Dijon ist das Musterbeispiel einer solchen Stadt mit konzentrisch gewachsenen Zonen. Am Rande finden wir die von großen Verkehrswegen erschlossenen modernen Viertel, die Universitätsstadt, Industriegebiete, moderne Wohnviertel. Sie umlagern eine Provinzstadt mit Bürgerhäusern, Handwerksbetrieben und Geschäftsstraßen, in deren Zentrum die Altstadt mit ihren historischen Bauten liegt, jener Stadtkern, auf den sich Dijon beschränkte, nachdem es, 1137 durch eine Feuersbrunst völlig zerstört, wiederaufgebaut worden war.

Dieser Stadtkern ist nicht sehr groß. Gegliedert wird er durch Straßen und Gassen, deren Namen noch an die Handwerker und Gewerbetreibenden erinnern, die nach den strengen Zunftvorschriften des Mittelalters einst hier ansässig waren: Rue des Forges, Rue Verrerie, Rue Vannerie.

An der Fassade des ehemaligen Palasts der Herzöge von Burgund, der heute ein Kunstmuseum birgt, ist eine Tafel angebracht, auf der der Grundriß des gallo-römischen Ortes Dibio *(Castrum Divionense)* zu sehen ist, aus dem Dijon sich entwikkelt hat. Die Grenzen der Römerstadt decken sich ziemlich genau mit denen der heutigen Altstadt. An der Straße von Lyon *(Lugdunum)* nach Trier *(Augusta Treverorum)* gelegen, war Dibio zunächst bedeutungslos und wurde erst angesichts der von den Germanen drohenden Gefahr 273 von den Römern befestigt. Später unterstand sie den burgundischen Königen und den Bischöfen von Langres und wurde 1016 dem Herzogtum Burgund einverleibt. Nach dem Brand von 1137 wurde auch die Vorstadt westlich der Abtei Saint-Bénigne in die Stadtmauern einbezogen.

Im 11. Jahrhundert wurde Dijon dann Residenz- und Hauptstadt des Herzogtums Burgund. Die im 14. Jahrhundert durch den französischen König Johann den Guten eingesetzten Großherzöge aus dem Haus Valois gingen unverzüglich daran, die Stadt ihrem Ehrgeiz entsprechend durch prachtvolle Bauten zu verschönern und sie zu einem Mittelpunkt von Kunst und Kultur zu machen. Es waren außergewöhnliche Männer, die damals das Land regierten, unerschrockene Haudegen mit viel diplomatischem Geschick und voller Lebenslust: Philipp der Kühne (1346–1404), mit Margarete von Flandern verheiratet, Johann der Unerschrockene (1404–1419), der Margarethe von Bayern ehelichte, seinen Vetter Ludwig von Orléans ermorden ließ und seinerseits durch Mörderhand getötet wurde, Philipp der Gute (1419–1467), der sich mit den Engländern verbündete und ihnen gegen gute Bezahlung die Jungfrau von Orléans auslieferte, und Karl der Kühne (1467–1477), der von einem Großreich träumte, aber nicht verhindern konnte, daß Ludwig XI. nach seinem Tod das Herzogtum dem französischen Königreich einverleibte.

Vom Palast, den Philipp der Kühne errichten ließ, ist nur noch die Tour de Bar erhalten, die den Wachsaal überragt; dieser Teil des Palasts wurde von Philipp dem Guten erstellt und im frühen 16. Jahrhundert restauriert. Das darin eingerichtete Museum birgt neben prächtigen Altaraufsätzen die Grabmäler Philipps des Kühnen, Johanns des Unerschrockenen und seiner Gemahlin Margarethe von Bayern. Sehenswert sind im alten Palast, auch die gewaltigen Küchenräume, die ahnen lassen, warum die Gastmähler des herzoglichen Hofes damals in aller Welt so berühmt waren.

Dijon. Links oben ein Brunnen in der Stadt. Unten die schöne halbkreisförmige Place de la Libération. Rechts Blick vom Turm Philipps des Guten auf die Dächer der Altstadt von Dijon.

Dijon, eine Stadt der Künste

Die burgundische Romanik hat in Dijon kaum Spuren hinterlassen. Die im früheren 11. Jahrhundert gestiftete Kathedrale Saint-Bénigne, zunächst Kirche eines Vorstadtklosters, stürzte 1271 nach einem Brand ein und wurde zwischen 1280 und 1325 gotisch wiederaufgebaut. Vom romanischen Bau sind nur noch das Hauptportal und die Krypta mit ihren schönen figürlichen und ornamentalen Kapitellen erhalten. In dieser Krypta wurden die sterblichen Überreste jenes Heiligen zur letzten Ruhe gebettet, der Burgund christianisiert hat.

Alle anderen Gotteshäuser Dijons wurden im Stil der burgundischen Gotik errichtet, die schwerer und überladener wirkt als die nordfranzösische Gotik. Ein anschauliches Beispiel hierfür ist die Fassade der Kirche Notre-Dame (1229–1250), die über den drei mächtigen Portalen der Vorhalle zwei Galerien und drei mit Laubwerk und Wasserspeiern geschmückte Friese aufweist und von zwei Rundtürmen flankiert wird. Der rechte Turm erhielt 1328 einen achteckigen Aufsatz, an dem die berühmte Uhr mit Jacquemart angebracht wurde, die Karl der Kühne aus Flandern geholt hatte. Später gesellte man dem automatischen Stundenschläger noch Frau, Sohn und Tochter bei. Ungemein harmonisch und fast schwerelos wirkt das Innere der Kirche; in der Kapelle rechts vom Chor wird eine hölzerne Sitzmadonna aus dem 12. Jahrhundert (Notre-Dame de Bon-Espoir) verehrt.

Den Übergang von der Spätgotik zur Renaissance markiert die Kirche Saint-Michel, mit deren Bau 1497 begonnen wurde. So weist die untere Portalzone mit ihrem mächtigen Fries, auf dem außer den alttestamentarischen Propheten auch heidnische Gottheiten (samt Venus und Leda mit dem Schwan) neben Christus und Johannes dem Täufer dargestellt sind, noch gotische Züge auf, während alles andere im Stil der Renaissance gehalten ist.

Philipp der Kühne liebte nicht nur das Spiel und die Frauen, wie zeitgenössische Chronisten berichten, sondern er war auch darauf bedacht, für das Herzoghaus eine würdige Grablege zu schaffen. Daher ließ er 1383–1388 ein Kartäuserkloster errichten, die Chartreuse de Champmol, für die er die bedeutendsten Künstler seiner Zeit nach Dijon holte. Das Kloster wurde 1793 von Revolutionären zerstört; die herzöglichen Grabmäler jedoch wurden gerettet und in den Herzogspalast gebracht. Vom Klosterbau des 14. Jahrhunderts sind lediglich das Kirchenportal und der sogenannte Mosesbrunnen erhalten, bei dem es sich in Wirklichkeit um den Sockel eines Kalvarienberges handelt. Beide wurden von dem niederländischen Künstler Claus Sluter und seinen Schülern reich geschmückt, das Portal mit Darstellungen Herzogs Philipps des Kühnen mit dem heiligen Johannes sowie mit des Herzogs kniender Gattin Margareta von Flandern, die von der heiligen Katharina der am Türpfeiler stehenden Madonna vorgestellt wird. Der Brunnen trägt sechs Prophetenfiguren, aus denen ein eindrucksvoller Moses hervorragt.

Dijon hat zahlreiche bedeutende Museen aufzuweisen. Genannt seien hier nur das Kunstmuseum im ehemaligen Herzogspalast, das Archäologische Museum in den Gebäuden der ehemaligen Abtei Saint-Bénigne neben der gleichnamigen Kathedrale, das Musée de l'Hopital in einem ehemaligen Hospiz aus dem 13.–17. Jahrhundert, das Naturhistorische Museum in einer ehemaligen Arkebusierkaserne (17. Jahrhundert) und das Volkskunstmuseum (Musée de l'art populaire bourguignon) im Hôtel Perrin de Puycousin.

Eine der bemerkenswertesten Straßen der Altstadt ist die Rue des Forges mit ihren alten Häusern, die bis ins 13. Jahrhundert zurückreichen.

Dijon. Links oben Detail des Daches der Kathedrale Saint-Bénigne; darunter die eigenartig gestaltete Fassade der Kirche Notre-Dame. Oben die Kirche Saint-Michel und nächtliche Ansicht des Palasts der Herzöge von Burgund. Unten der aus dem 15. Jahrhundert stammende Turm Philipps des Guten; daneben zwei der Grabmäler in dem im Herzogspalast eingerichteten Kunstmuseum.

In Dijon sind noch viele alte Häuser aus verschiedenen Stilepochen erhalten. Links oben ein Erker am Hôtel de Berbis. Unten links und Mitte Fries und Wendeltreppe des Hôtel Chambellon. Oben ein Mansardenfenster des Hôtel Aubriot. Rechts oben der Innenhof, darunter die Straßenfassade des Hôtel de Vogüe mit ihrer prächtigen Tordurchfahrt.

Von der Ouche zur Saône: Das Kloster Citeaux

Der Süden Dijons durchfließen die Ouche und der Burgundische Kanal, der sich dort zu einem Hafenbecken erweitert. Auch einen künstlichen See gibt es in Stadtnähe, den Lac du Chanoine Kir, ein Paradies für Freunde des Wassersports.

Von ihrer Quelle bei Bligny-sur-Ouche beschreibt dieser Fluß einen großen Bogen, um bei Saint-Jean-de-Losne in die Saône zu münden. Die nähere Umgebung Dijons ist besonders in Richtung Talant ziemlich verbaut, aber Möglichkeiten für Spaziergänge findet man noch in Richtung Sainte-Foy im Val-Suzon, einer reizvollen Waldlandschaft. Auch Notre-Dame d'Etang und der Mont-Afrique südlich der Ouche sind interessante Ausflugsziele.

Das gilt für das gesamte obere Tal der Ouche mit seinen Kirchen – ein schönes romanisches Gotteshaus steht in Bussière-sur-Ouche – und Schlössern, so der Schloßruine von Marcigny und dem inmitten eines großen Parks mit Wasserspielen gelegener Schloß Montvulot (18. Jahrhundert), in dem Lamartine geweilt hat.

Hinter Dijon durchfließt die Ouche die Saône-Ebene bis Saint-Jean-de-Losne, wo sich mehrere Wasserwege kreuzen; hier endet der Burgundische Kanal und beginnt der Rhône-Rhein-Kanal. Die Saône bildete im 17. Jahrhundert die Grenze zwischen Frankreich und dem Heiligen Römischen Reich Deutscher Nation, die sich damals wiederholt bekriegten; 1636 wurde Saint-Jean von den Kaiserlichen belagert.

Eine Festungsstadt war auch das nördlicher gelegene Auxonne; dort hat Napoleon von 1788 bis 1791 als Oberleutnant gedient. Sehenswert in dem Städtchen sind die Kirche Notre-Dame aus dem 13. Jahrhundert und das Rathaus aus dem 15. Jahrhundert, in dem man ein Napoleon-Museum eingerichtet hat.

Vieles in dem Gebiet zwischen Saint-Jean-de-Losne und der Côte de Nuits erinnert an den in Fontaine bei Dijon geborenen heiligen Bernhard. Dieser trat 1112 in das Reformkloster Citeau ein, das Robert, der Abt von Molesme, 1098 gegründet hatte, um gegen den klösterlichen Sittenverfall anzukämpfen. Bald wurde Bernhard ausgesandt, um an der Aude das Kloster Clairvaux zu gründen, das später auf das ganze Abendland ausstrahlte. In Vézelay predigte der große Reformator und wortgewaltige Denker den Kreuzzug ins Heilige Land. Viele Tausende folgten seinem Aufruf. Zwar konnte Palästina nicht auf Dauer für die Christenheit zurückgewonnen werden, aber durch die sich über Jahrhunderte hinziehenden Kreuzzüge wurden die Geschicke Europas nachhaltig beeinflußt.

Aus den Zisterziensern ging der Trappistenorden hervor. Die mittelalterlichen Klostergebäude von Citeaux wurden weitgehend zerstört, das Kloster 1790 aufgehoben. 1898 erwarben die Trappisten das Gelände und erstellten ein neues Kloster. Die Kirche, in der die ersten burgundischen Herzöge zur letzten Ruhe gebettet worden waren, ist vollständig verschwunden; erhalten sind nur noch die Fassade der Bibliothek des 15. Jahrhunderts und sechs Arkaden des gotischen Kreuzgangs. Aber immer noch beeindruckt die großartige Landschaft, in die Citeaux eingebettet ist.

Oben Blick auf die Abtei Citeaux, das Stammkloster des Zisterzienserordens. Mitte die Statue des jungen Napoleon vor dem Rathaus von Auxonne. Unten und rechts zwei alte steinerne Bogenbrücken, die die Ouche überspannen.

Von Dijon nach Beaune: Die Straße der großen Weine

Südlich von Dijon erstreckt sich die Côte, das Hauptweinanbaugebiet der Bourgogne. Schier endlos erstrecken sich beidseits der D 122, der »Route des Grands Vins«, die Weinberge bis zum Horizont. Hier liegen Ortschaften und Weingüter, deren Namen die Augen der Weinkenner heller erstrahlen lassen: Gevrey-Chambertin, Chambolle-Musigny, Vougeot und sein Clos (Weingut), Vosne-Romanée, Nuits-Saint-Georges. Die Weine, die diese Herkunftsbezeichnungen tragen, haben Weltruf erlangt.

Dies ist nicht zuletzt das Verdienst der Zisterzienser, jener Mönche, die im 11. Jahrhundert im nahen Kloster Citeau den Benediktinerorden reformierten. Sie waren es, die ab dem 12. Jahrhundert die sonnigen Hänge rodeten und Reben pflanzten. Später traten dann die Herzöge von Burgund ihre Nachfolge an, die sich im 15. Jahrhundert rühmten, »Herren der besten Weinberge des Abendlandes« zu sein.

Direkt an der D 122 liegt das Weinbauerndorf Vougeot mit dem Château du Clos de Vougeot, einem der berühmtesten Weingüter der Welt. Vougeot gehörte vom 12. Jahrhundert bis 1789 zur Zisterzienserabtei Citeau. Wo sich heute das Schloß erhebt, stand schon im 12. Jahrhundert ein Weingut der Mönche, von dem noch die riesigen Weinkeller und uralte Keltern erhalten sind. Später bauten sie es zum Schloß aus, das in seiner heutigen (Renaissance-)Gestalt um 1551 fertiggestellt wurde.

Die Weinberge von Vougeot gehören längst nicht mehr den Mönchen, sondern sind heute unter mehrere Besitzer aufgeteilt. Das Schloß wurde 1944 von der berühmten Confrérie des Chevaliers du Tastevin erworben, vom »Orden der Weinkenner«, der zehn Jahre früher in Nuits-Saint-Georges gegründet worden war, um den Weinen der Bourgogne wieder zu ihrem früheren Ansehen zu verhelfen. Hervorragende Weinkenner aus aller Welt gehören heute dem Orden an.

In den auf das 12. Jahrhundert zurückgehenden Weinkellern des Schlosses halten die Mitglieder mehrmals im Jahr ihre großartigen Ordenskapitel ab. Von Zeit zu Zeit werden mit großer Feierlichkeit neue *confrères* in den Orden aufgenommen. Drei Tage lang dauert das im November abgehaltene berühmteste Kapitel, die »Trois Glorieuses« (die drei Glorreichen): Am Samstag nach dem 11. November findet die »Journée des Vins de Nuits« (Tag der Weine von Nuits) statt, am Sonntag werden in Beaune die Weine der Hospize in der Kelter des Hôtel-Dieu versteigert, und am Montag wird in Meursault ein großes Bankett abgehalten, die »Paulée de Meursault«, die mit der Verleihung eines Literaturpreises verbunden ist. Die *confrères* tragen bei diesem Anlaß historische Gewänder, und historischer Pomp nach dem Vorbild der burgundischen Herzöge umrahmt auch die Veranstaltungen. Dazu gehören Bannerträger und Arkebusiere ebenso wie in Seide gekleidete Lakaien.

Zwar bleibt dem gewöhnlichen Sterblichen die Confrérie des Chevaliers du Tastevin verschlossen, aber die Orte, an denen sie ihre Kapitel abhält, kann er besichtigen, den Weinkeller des Château du Clos de Vougeot ebenso wie die berühmten Hospize in Beaune, das Hospice de la Charité und das Hôtel-Dieu.

Links oben der Turm der Kirche von Nuits-Saint-Georges; darunter ein Weingut bei Gevrey-Chambertin. Rechts oben die Weinlage Vosne-Romanée, darunter eine Kapelle aus dem 12. Jahrhundert bei Fixin.

Oben das Château de Clos-Vougeot in seinem Weinberg; darunter ein Brunnen in einem Wirtschaftsgebäude und einer der reichgeschmückten Kamine im Schloß.

Oben der Zugang zu Clos-Vougeot, daneben der Innenhof des Schlosses. Hier finden die Ordenskapitel der Confrérie des Chevaliers du Tastevin statt, der das Schloß seit 1944 gehört.

Beaune, das Juwel der Côte

Zu den bezauberndsten Städten der Bourgogne gehört Beaune mit seiner noch weitgehend erhaltenen Stadtbefestigung, die durch einen die Altstadt umschließenden Boulevardring ergänzt wird. Eine Vielzahl prächtiger Bauten erinnert daran, daß Beaune – vor Dijon – Residenz der Herzöge von Burgund war.

An erster Stelle ist hier das Hôtel-Dieu im Herzen der Altstadt zu nennen, bekannter als das »Hospiz von Beaune«, obgleich diese Bezeichnung eigentlich dem Hospice de la Charité zukommt, das dicht daneben steht; die beiden ehemaligen Krankenhäuser werden meist als »Hospices de Beaune« zusammengefaßt. Das gotische Hôtel-Dieu ist das bedeutendste Bauwerk der Stadt, das seine ganze Schönheit zum Innenhof hin entfaltet. Erbaut wurde das Armenhospital 1443–1451 auf Veranlassung von Nicolas Rolin, Kanzler des Herzogs von Burgund, und seiner Gemahlin Guigone de Salins.

Betrachtet man das Gebäude vom Innenhof her, so wirkt es freilich eher wie ein mittelalterlicher Herrensitz als wie ein Armenhospital. Im Erdgeschoß ist den Räumen ein Säulengang vorgestellt, der wie ein Kreuzgang wirkt. Er trägt über einem Fachwerkaufbau einen zweiten Säulengang, der zum steilen, mit farbigen glasierten Ziegeln gedeckten Dach überleitet, aus dem ebenso gedeckte steilgieblige, mit Zinnen und Wetterfahnen aus Blei gekrönte Fenstervorbauten aufragen. Ecktürme flankieren die Fassade.

Erst später aufgeführt wurde die Straßenfassade mit Schieferdach und dreibogiger Vorhalle; sie wirkt wesentlich schlichter als die Hofseite. Reizvoll ist auch der mit Schmiedeeisenarbeiten geschmückte steinerne Brunnen auf dem Innenhof. Heute dient das Hôtel-Dieu als Altersheim, doch können viele der Räume besichtigt werden. Hochinteressant ist der Große Krankensaal, der sogenannte Armensaal, dem man sein mittelalterliches Aussehen wiedergegeben hat. Immer noch sind die Betten auf die Kapelle hin ausgerichtet, wie es einst üblich war, damit die Kranken der dort abgehaltenen Messe folgen konnten.

In der Küche mit ihrem mächtigen Kamin blitzen die alten Kupfergefäße, in der Apotheke stehen noch die mittelalterlichen Fayencen und Zinngeräte. Im Franziskussaal kann man die Gewänder sehen, die einst die Krankenpflegerinnen – vornehmlich Nonnen – getragen haben, doch am sehenswertesten ist das Museum des Hospizes, wohin man unter anderem das früher in der Kapelle des Krankensaals befindliche Polyptychon vom Jüngsten Gericht gebracht hat, ein Meisterwerk Rogiers van der Weyden aus dem Jahr 1443.

Die »Hospices de Beaune«, das Hôtel-Dieu und das Hospice de la Charité, besitzen zusammen achtundfünfzig Hektar Weinberge. Der aus ihren Trauben gekelterte Wein wird alljährlich im November am zweiten Tag der »Trois Glorieuses«, des Hauptkapitels der Confrérie des Chevaliers du Tastevin, in der Kelter des Hôtel-Dieu versteigert; um die »Vins des Hospices des Beaune« zu erstehen, finden sich Interessenten aus aller Welt ein. Der Ertrag der Versteigerung dient zum Unterhalt der beiden altehrwürdigen Hospize, finanziert aber auch das Altersheim, das heute im Hôtel-Dieu untergebracht ist und dem in dem alten Gemäuer modernste technische und medizinische Hilfsmittel zur Verfügung stehen.

Das Hôtel-Dieu in Beaune. Links oben der Innenhof des Hospizes, darunter Detail eines Fenstergiebels und des Uhrturms. Rechts oben zwei Betten im Großen Krankensaal, darunter einer der Deckenbalken des Saales. Unten der mächtige Kamin in der Küche des Hospizes.

Historische Bauten in Beaune

Außer den beiden Hospizen hat Beaune noch eine Vielzahl weiterer sehenswerter Profanbauten aufzuweisen, so an der Rue d'Enfer das aus dem 14.–16. Jahrhundert stammende Hôtel (Stadtpalast) des Ducs de Bourgogne, auch »Logis du Roi« genannt, dessen schöne Fachwerkfassade von einem spitzhaubigen Mittelturm unterbrochen wird. Hier befindet sich heute ein Weinmuseum, das Musée du Vin de Bourgogne. Vor dem Palast sind alte Keltern zu bewundern, während im Inneren interessante Ausstellungsstücke, von mittelalterlichem Küferwerkzeug über historische Weinkrüge und Flaschen bis zu moderneren Hilfsmitteln des Winzers, die Geschichte des burgundischen Weinbaus nachzeichnen. Wandteppiche schmücken die Wände des Großen Saals.

Im Herzen der Altstadt erhebt sich an der Place Monge der aus dem 14. Jahrhundert stammende Belfried als einziger Überrest eines ehemaligen Klosters. Ganz in der Nähe finden wir das dreigeschossige Hôtel de la Rochepot (1522), dessen mit Medaillons geschmückte Fassade fast völlig von Grün überwuchert ist. Auf der Place Monge erinnert ein Denkmal an den Physiker Gaspard Monge, den Gründer des Polytechnikums.

Einem anderen bedeutenden Sohn der Stadt, Etienne-Jules Marey, der die technischen Grundlagen für den Kinematographen, also für den modernen Film, geschaffen hat, ist ein Museum gewidmet, das die Etappen seiner Experimente und Erfindungen nachzeichnet.

Die Porte Saint-Nicolas, ein Triumphbogen aus dem 18. Jahrhundert, erhebt sich an der Stelle eines alten Stadttors. Das nahe Rathaus (Hôtel de Ville) ist in einem ehemaligen Ursulinenkloster aus dem Jahr 1697 untergebracht. Sehenswert ist auch das Musée des Beaux-Arts, in dem zahlreiche Werke des aus der Gegend stammenden Malers Ziem ausgestellt sind.

Aus den Sakralbauten ragt die Stiftskirche Notre-Dame heraus, ursprünglich eine Klosterkirche, dann eine Basilika. Sie geht auf ein im 12. Jahrhundert im Stil der cluniazensischen Romanik errichtetes Gotteshaus zurück, das später gotisch erweitert wurde. Trotz der bis ins 16. Jahrhundert fortgeführten Umbauten hat Notre-Dame eine eindrucksvolle Geschlossenheit und Ausgewogenheit bewahrt. In der aus dem 14. Jahrhundert stammenden Fassade gewähren drei Portale Zugang zu dem dreischiffigen, von gotischen Kreuzgewölben überspannten Inneren. Die Vierung wurde mit einer Kuppel überzogen; der Chorumgang führt zu einem dreifach gestaffelten Kapellenkranz, der die Apsis umschließt. Hinter dem Hochaltar sind auf fünf prächtigen Wandteppichen (1475–1500) Szenen aus dem Marienleben dargestellt.

An den angrenzenden Straßen der Altstadt finden wir nicht nur einige schöne Renaissancebauten, so die Maison du Colombier und das Hôtel de Saulx, sondern auch noch einige Häuser, die in Teilen bis auf die Zeit der Romanik zurückgehen.

Romanisch sind auch Turm und Portal der Kirche Saint-Nicolas; sie wurden im 12. Jahrhundert geschaffen, während die Fassade ein Werk des 15. Jahrhunderts ist.

Unseren Besuch in Beaune beschließen wir mit einer Besichtigung der alten Stadtbefestigung, die noch zu einem beträchtlichen Teil erhalten ist.

Beaune. Links oben das Glockentürmchen auf dem Belfried; darunter das Franziskanerkloster. Rechts oben ein Teil der alten Stadtbefestigung. Rechts unten das Hôtel des Ducs de Bourgogne; der ehemalige Stadtpalast der burgundischen Herzöge beherbergt heute ein Weinbaumuseum.

Beaune. Oben der Säulengang des Hôtel-Dieu mit einer den Wein feiernden Inschrift, rechts daneben die Weinberge der Hospize von Beaune. Unten die Kelter der burgundischen Herzöge, daneben eine Kelter im Weinbaumuseum, ganz rechts mit Schnitzwerk verzierte Balken im Hôtel des Ducs.

Die Weinlagen der Côte de Beaune

An das Weinbaugebiet Côte de Nuits schließt sich im Süden die Côte de Beaune an, die von Aloxe-Corton bis Chagny reicht. Auch hier gedeihen weltweit bekannte Spitzenweine. Renommierte Rotweine liefern Aloxe-Corton, Pommard, Volnay und Mercurey, vorzügliche Weißweine Meursault und Montrichet, aber daneben gibt es Orte und Lagen, die sich in Weinkennerkreisen kaum minderen Ansehens erfreuen, wobei Davigny und Santenay besonders hervorgehoben zu werden verdienen.

Ebenso vorzüglich wie die Weine dieses gesegneten Landstrichs ist auch die Küche, wobei der Wein nicht nur als Getränk, sondern auch als Zutat zu den verschiedensten Fleisch-, Fisch- und Krebsgerichten eine große Rolle spielt. Doch nicht nur mit Gaumenfreuden lockt man hier die Besucher an, sondern man ist auch bemüht, sie durch vielfältige Angebote dem nervenaufreibenden Trubel des technisierten Alltags fernzuhalten, beispielsweise auf geruhsamen Pferdehöfen, wo man einen Reiterurlaub machen kann, oder indem man für Ausflüge keine Omnibusse, sondern Kutschen bereitstellt.

Der kräftige tiefrote Pommard, der schon Könige wie Heinrich IV. und Ludwig XV. und Dichter wie Ronsard und Victor Hugo zu begeistern wußte, stammt aus dem gleichnamigen alten Weindorf mit mehreren Schlössern, darunter ein Schloß der burgundischen Herzöge und das Château de la Commaraine mit einem Gewölbekeller aus dem 12. Jahrhundert. Bei Volnay hat man alte Amphoren (Weinkrüge) gefunden, die beweisen, daß hier schon in der Römerzeit der Weinbau gepflegt worden ist. Im gleichen Ort lohnen auch eine Kirche aus dem 14. und eine Kapelle aus dem 15. Jahrhundert einen Besuch. Das Dorf liegt wunderschön in luftiger Höhe.

Oben ein Blick auf Pommard. Mitte links ein prächtiger Herrensitz in Aloxe-Corton, daneben ein Weingut, darunter das Schloß von Meursault. Rechts unten Weinlese bei Beaune.

In Aloxe-Corton verdient das Schloß Corton-André mit seinem herrlichen Ziegeldach Erwähnung. Ein vierhundert Hektar großes renommiertes Weinbaugebiet umgibt das am Fuß des Mont Mehan in 381 Meter Höhe erbaute Meursault. Sehenswert sind hier unter anderem die Kirche aus dem 14. Jahrhundert, das ehemalige Schloß (1337 begonnen, später mehrmals umgebaut), das heute als Rathaus dient, und das einstige Aussätzigenhospital, dessen Portal noch aus dem 12. Jahrhundert stammt. In Meursault findet am dritten Tag der »Trois Glorieuses« der Confrérie des Chevaliers du Tastevin die »Paulée« statt, ein großes Bankett in der Tradition der Feste, die früher nach Abschluß der Weinlese abgehalten wurden.

Auch in den landschaftlich vielleicht noch reizvolleren Hochlagen der Côte de Beaune treffen wir wieder auf malerische Dörfer und bekannte Weinlagen, so Savigny-lès-Beaune mit einem Kirchturm aus dem 12. Jahrhundert und einem im 14. Jahrhundert erbauten und im 17. Jahrhundert durch die Herzogin von Maine restaurierten Schloß.

An verhältnismäßig steilen Hängen liegen Nantoux, Saint-Romain und Rochepot mit seinem von eleganten Türmen flankierten Schloß, das im 12. Jahrhundert erstellt, im 15. Jahrhundert erweitert und schließlich durch den Sohn des Präsidenten Carnot restauriert wurde. Wer ans »Ende der Welt« möchte, kann dazu von Nolay (sehenswerte alte Markthallen) aus aufbrechen; nahebei liegt das »Bout-du-Monde«, ein bewaldeter malerischer Einschnitt (»cirque«) mit einer Tropfsteinhöhle und einem Wasserfall.

Links oben die Kirche von Chagny, darunter Uhr und Jacquemart an der Kirche von Nolay. Links unten das Schloß von Savigny-lès-Beaune. Oben Mitte die alte Markthalle von Nolay. Rechts und auf der folgenden Doppelseite das Schloß La Rochepot mit seinen Türmen und Toren, der eindrucksvollen Küche und dem malerischen Innenhof.

Chalon und das Tal der Saône

Bei Chalon stößt die *Route des Grands Crus,* die »Straße der großen Weine«, auf die Saône und setzt sich dann nach Süden bis ins Mâconnais und ins Beaujolais hin fort. Die friedliche, aber oft über ihre Ufer tretende Saône war seits alters ein wichtiger Verkehrsweg, an dem zahlreiche Märkte abgehalten wurden. Eine große Rolle spielten hier die »Schiffsleute«, die sich im Mittelalter zu einflußreichen Zünften zusammenschlossen. Als Marktort kam früh schon Chalon zu Bedeutung. Einen neuen Aufschwung erlebte die Stadt im 19. Jahrhundert, nachdem die Kohlengruben im nahen Creusot zur Ansiedlung von Schwerindustrie geführt hatten und mit dem Rhône-Rhein-Kanal und einer Eisenbahnlinie neue Verkehrswege geschaffen worden waren, wodurch Chalon zur wichtigen Industrie- und Handelsstadt aufstieg.

Wie es in Chalon einst ausgesehen hat, sieht man noch am deutlichsten im Viertel *Vieux Chalon,* nach dem Schutzheiligen der Winzer auch *Quartier Saint-Vincent* genannt. Dieser Teil der Altstadt liegt zwischen den Kirchen Saint-Pierre (um 1700) und Saint-Vincent (vorwiegend 13.–15. Jahrhundert, älteste Teile aus dem 11. Jahrhundert).

Gegenüber dem die Altstadt begrenzenden Quai Gambetta liegt auf einer Insel der Faubourg Saint-Laurent mit einem Hospital aus dem 16. Jahrhundert, in dem der Speisesaal (mit wunderschönem altem Zinngeschirr), die Apotheke und die Kapelle besonders sehenswert sind. Auf die Südwestspitze der Insel erhebt sich die Tour du Doyenné aus dem 15. Jahrhundert. Gegenüber der Kirche Saint-Pierre steht das Musée Denon mit bedeutsamen vorgeschichtlichen, gallo-römischen und merowingischen Sammlungen. Denon war übrigens zur Zeit des Ersten Kaiserreichs ein Diplomat, der die Ägyptologie begründet hat.

Ein weiteres Museum finden wir im Hôtel des Messageries. Es ist einem Sohn der Stadt gewidmet, dem 1765 geborenen Joseph-Nicéphore Niepce, der gemeinsam mit Daguerre die Fotografie erfunden hat. Fotografie und Film verdanken Männern aus dem Tal der Saône ihre entscheidenden Grundlagen: Was Niepce für die Fotografie getan hat, das haben der aus Beaune stammende Marey und die in Lyon geborenen Brüder Lumière für den Film getan.

Auch hier befinden wir uns in einem Weinbaugebiet, der Côte Challonnaise, deren Hauptorte Rully, Mercurey, Givry und Montagny-lès-Buxy sind. In Givry ist das Rathaus in einem mächtigen Torturm untergebracht; sehenswert ist hier neben schönen Brunnen eine ungewöhnliche, von Kuppeln überspannte Kirche.

Einen Besuch lohnen auch die Weindörfer im Vaux-Tal und weiter südlich Sennecey-le-Grand. Dort stand auf dem von Gräben eingefaßten Hauptplatz einst eine alte Burg. Einen Teil davon hat man restauriert; heute dient er als Rathaus.

Oben Blick über die Saône auf Chalon, darunter ein altes Portal, ganz unten Brunnen und Waschhaus in Sennecey-le-Grand. Rechts oben Autun mit der Kathedrale Saint-Lazare, darunter ein Blick zum Gewölbe der Kathedrale.

Autun, die Stadt des Augustus

Die geschichtsträchtigste Stadt der Bourgogne ist zweifellos Autun am Rand des Morvan, dem es manchmal zugerechnet wird. Gegründet wurde sie um die Zeitenwende durch den römischen Kaiser Augustus, der ihr den Namen Augustodunum gab und sie mit so prächtigen Bauten ausschmücken ließ, daß sie in ihrer Blütezeit als »Rom Galliens« und »Schwester und Rivalin Roms« galt. An einem der Hauptverbindungswege zwischen dem nördlichen und südlichen Gallien gelegen, wurde Augustodunum kulturelles und wirtschaftliches Zentrum und bald auch Provinzhauptstadt.

Doch dann kamen die Stürme der Völkerwanderungszeit. Zwischen 270 und 895 wurde die Stadt so oft und so gründlich zerstört, daß sie zur Bedeutungslosigkeit absank. Einen neuen Aufschwung brachte erst das 15. Jahrhundert, als der aus Autun stammende Nicolas Rolin burgundischer Kanzler wurde und eine reiche Bautätigkeit entfaltete. Unter anderem ließ er das Hôtel-Dieu errichten, und sein Sohn, Kardinal und Bischof von Autun, ließ die Kathedrale vollenden, prächtige Paläste erstellen und die Stadtbefestigung erneuern.

In Rolins ehemaligem Stadtpalast aus dem 15. Jahrhundert und einem anstoßenden Gebäude aus dem 19. Jahrhundert hat man das Musée Rolin eingerichtet. Neben gallo-römischen Altertümern (römische Skulpturen, Schmuck und Helme) ist hier eine vorzügliche Sammlung mittelalterlicher Kunst zu sehen, darunter die »Eva« des Meisters Gislebertus (12. Jahrhundert) und eine »Geburt Christi« (1482) des Meisters von Moulins.

Römische Ruinen finden wir am Rand der Stadt. Das römische Theater war mit 15 000 Plätzen das größte Galliens; von ihm sind etliche Reliefs erhal-

ten. Teile der gallo-römischen Stadtbefestigung sind die Porte Saint-André, zwei Torbogen, die eine zehnbogige Arkade tragen, und die ebenfalls gut erhaltene Porte d'Arroux, die römische Porta Senonica. Jenseits des kleinen Flüßchens Arroux stehen die Ruinen eines Janustempels, von dem nur noch ein turmartiger Rest geblieben ist. Wichtigstes Bauzeugnis aus der zweiten Blütezeit Autuns ist die Kathedrale Saint-Lazare. Der romanische Bau wurde 1120–1146 erstellt und 1130 von Papst Innozenz II. geweiht. Veränderungen und Erweiterungen wurden im 15. und 16. Jahrhundert im Stil der Gotik vorgenommen. Daneben steht die Fontaine Saint-Lazare, ein anmutiges Renaissancewerk aus dem Jahr 1543.

Aus romanischer Zeit stammen der Ursulinenturm (12. Jahrhundert), einst Teil der Stadtbefestigung, und die ehemalige Nikolauskapelle, die man in ein Museum für Bauplastik umgewandelt hat.

Abstecher führen uns zu dem Renaissanceschloß Sully (16. Jahrhundert) im Süden und nördlich der Stadt in das Dörfchen Uchon, einst bedeutender Wallfahrtsort, von dessen Sakralbauten aus dem 16. Jahrhundert allerdings nur wenig erhalten ist. Von Uchon aus führt ein Weg auf den 685 Meter hohen Signal d'Uchon, von dem aus man die nahen Berge des Morvan sehen kann.

Links oben Schloß Sully bei Autun, darunter die altehrwürdige Militärakademie in Autun, ganz unten Ruinen aus der Römerzeit: Janustempel und Porte d'Arroux. Rechts ein Blick auf die Dächer der Altstadt von Autun.
Folgende Doppelseite: Der Canal de Bourgogne bei Châteauneuf.

Tournus und das romanische Tournugeois

Folgen wir von Chalon aus der Saône nach Süden, so gelangen wir nach Tournus mit der Abtei Saint-Philibert, einer der ältesten Klostergründungen dieses an Klöstern so reichen Gebiets. Tournus existierte schon in vorchristlicher Zeit als Siedlung der gallischen Häduer und entwickelte sich während der Römerzeit zur blühenden Stadt. Neue Bedeutung gewann es nach der Christianisierung des Landes als Schauplatz des Martyriums des heiligen Valerianus, der hier das Evangelium gepredigt hatte. Zu Ehren des Märtyrers errichtete man eine Kirche und danach eine Abtei, die freilich in den Wirren der Völkerwanderungszeit mehrmals zerstört und wiederaufgebaut wurde, bis schließlich die Ungarn 937 sämtliche Gebäude in Schutt und Asche legten. Inzwischen hatten sich die Mönche

Tournus. Links Innen- und Außenansicht der ehemaligen Abteikirche Saint-Philibert, oben ein Blick auf das an der Saône gelegene Städtchen.

von Jumièges vor den Normanneneinfällen hierher gerettet und die Reliquien des Gründers von Jumièges, des heiligen Philibert, mitgebracht. Als sie nun im ausgehenden 10. Jahrhundert Kirche und Abtei neu erbauten, weihten sie beides ihrem Heiligen, während der heilige Valerianus in Vergessenheit geriet.

Die Überreste dieser Abtei und ihre im wesentlichen aus dem 11. und 12. Jahrhundert stammende Kirche sind heute die wichtigsten Sehenswürdigkeiten des dicht an der Saône gelegenen Städtchens. Der Kirche ist – wie der Magdalenenbasilika in Vézelay – ein Narthex vorangestellt. Wo sich das dreischiffige Langhaus und das Querschiff schneiden, erhebt sich ein Vierungsturm. Der Chorumgang führt zu fünf Apsiskapellen; in der mittleren ist das Reliquiar mit den sterblichen Überresten des heiligen Philibert untergebracht. Die Krypta des Gotteshauses geht noch auf das 10. Jahrhundert zurück; hier sind vor allem die Säulen mit ihren reich skulptierten Kapitellen und Fresken aus dem 12. Jahrhundert sehenswert.

Von außen wirkt der Bau massiv und trutzig, handelte es sich doch um eine Wehrkirche, wie man sie in den damaligen unruhigen Zeiten zu erstellen pflegte. Von den Türmen des Westwerks wurde nur der linke vollendet; er wird vom Vierungsturm überragt. Rechts von der Kirche finden wir den Cellier, das ehemalige Vorratshaus mit Weinkeller, und daneben das Refectoire, den ehemaligen Speisesaal; auch diese romanischen Bauten gehen auf das 12. Jahrhundert zurück.

Ebenfalls innerhalb der Mauern der ehemaligen Abtei, die durch Türme wie den noch in Resten erhaltenen Portier und den Quincampois gesichert waren, liegen der Kapitelsaal, der Kreuzgang, der teilweise noch aus dem 11. Jahrhundert stammt, und das ehemalige Abtshaus (Logis abbatial) aus dem 15. Jahrhundert.

Von den der Saône folgenden Uferstraßen aus hat man einen schönen Blick auf Kloster und Kirche Sainte-Madeleine, die weiter südlich liegen. Das reich skulptierte Portal des Gotteshauses ist romanisch, das Langhaus gotisch, und später wurde eine schöne Kapelle im Stil der Renaissance angefügt.

Zwei Museen in Tournus lohnen einen Besuch: das heimatkundliche Museum und das Greuze-Museum. Dieser Maler des 18. Jahrhunderts war ein Sohn der Stadt; im Museum hat man eine beachtliche Zahl seiner Skizzen und Gemälde zusammengetragen.

Romanische Kirchen finden wir in der Umgebung von Tournus, so in Brancion, einem malerischen Weiler mit einer Burgruine, Stadttor und alter Markthalle sowie Häusern aus dem 15. Jahrhundert, ferner in Chapaize (Kirche Saint-Martin), Ozenay, Chissey und Blanot. Ein lohnender Abstecher führt durch den Staatswald von Goulaine zum Mont-Saint-Romain, von dem aus man weit ins Land hineinsieht.

Wenn wir die Fahrt nach Süden fortsetzen, kommen wir ins Mâconnais, ins Land renommierter Weißweine, wo Azé (vorgeschichtliches Museum) und Lugny (alte Kirche und Schloß) unsere Aufmerksamkeit verdienen.

Unweit von Tournus liegt der reizvolle alte Weiler Brancion mit seinem herrschaftlichen Gut und der sich inmitten von Wiesen erhebenden romanischen Kirche aus dem 12. Jahrhundert.

Cluny, die Wiege der burgundischen Romanik

Wenn wir heute vor den spärlichen, wenngleich immer noch eindrucksvollen Resten der Abtei und ihrer Kirche stehen, können wir kaum mehr ermessen, welche Bedeutung Cluny im Mittelalter für das geistliche und geistige Leben des Abendlands, aber auch für die Baukunst der Romanik gehabt hat.

Gegründet wurde die Benediktinerabtei 910 von Herzog Wilhelm von Aquitanien auf seinen Ländereien in der Grafschaft Mâcon. In der Stiftungsurkunde legte er fest, daß das Kloster weder bischöflicher noch königlicher Macht, sondern unmittelbar dem Papst unterstehen sollte. Tatkräftige Äbte erneuerten die Benediktinerregeln in den »Consuetudines«, die bald von Klöstern im ganzen Abendland übernommen wurden, so daß zweihundert Jahre später nicht weniger als 1450 Klöster mit rund 10000 Mönchen an Cluny angeschlossen waren. Keiner weltlichen Obrigkeit unterworfen, schwangen sich die Äbte von Cluny zu unumschränkten Herrschern nicht nur über ihre Klostergemeinde, sondern auch über die dazugehörigen Ländereien und Orte auf. Die Reichtümer, die Cluny zuflossen, ermöglichten die Errichtung prächtiger Klostergebäude und (1088–1130) einer Kirche, die damals im ganzen Abendland nicht ihresgleichen hatte; mit einer Länge von 177 Meter und einer Gewölbehöhe von 30 Meter war sie bis zur Erstellung der Peterskirche in Rom das größte christliche Gotteshaus. Auf die von zwei Türmen flankierte Vorhalle folgte ein fünfschiffiges Langhaus; vier Türme erhoben sich über den beiden Querhäusern.

Aber Macht und Reichtum wurden den Cluniazensern zum Verhängnis und leiteten ihren Niedergang ein. Prachtliebe und Sittenverderbnis des Klosters veranlaßten einen jungen Mönch aus der Gegend von Dijon namens Bernhard, sich mit einigen Gefährten in das neugründete Kloster Citeau zurückzuziehen, um dort durch eine zweite Reformation der Benediktinerregeln den Zisterzienserorden zu gründen.

Mit Cluny ging es weiter bergab. Auf die Zerstörungen der Hugenottenkriege folgte das endgültige Aus durch die Französische Revolution: 1790 wurde die Abtei aufgehoben; die noch verbliebenen Klostergebäude wurden ebenso wie die Kirche 1798 zum Abriß freigegeben. Was übrig blieb, ist nur noch ein kläglicher Rest des einst weitaus mächtigsten Klosters des Abendlandes. Im Palais abbatial (1456–1485) ist heute das Musée Ochier untergebracht, in dem ein Teil des Skulpturenschmucks des Hauptportals und Kapitelle aus dem Narthex zu sehen sind. Aus dem 16. Jahrhundert stammt ein weiteres ehemaliges Abtshaus, das Palais d'Amboise, in dessen Garten die Tour Fabry (1347) steht. Von den Barbans, den einst die Vorhalle flankierenden Türmen, sind nur Ruinen erhalten. Das ehemaige Abteigebäude aus dem 13. Jahrhundert dient jetzt als Fachschule. Der Kreuzgang und die umliegenden Gebäude wurden erst im 18. Jahrhundert erstellt. Am eindrucksvollsten sind die Reste der Abteikirche, das 33 Meter hohe große südliche Querschiff, das vom 62 Meter hohen Clocher de l'Eau Bénite überragt wird und an das sich die Tour de l'Horloge anlehnt, sowie das kleine südliche Querschiff mit der gotischen Chapelle de Bourbon (1470). Der Farinier (ehemaliger Mehlspeicher, 13. Jahrhundert) beherbergt heute ein Musée lapidaire mit romanischen Kapitellen und dem Marmoraltar, der 1095 von Papst Urban II. geweiht worden war.

Cluny. Links eine alte Gasse. Rechts oben das große südliche Querschiff der ehemaligen Abteikirche; darunter das Palais Abbatial und das ehemalige Abteigebäude.

Charolles und das Charollais

Westlich von Cluny liegt das Charollais, eine schöne Hügellandschaft, in der die Viehzucht eine große Rolle spielt; nach ihr ist eine Rinderrasse benannt. Der erste Berg, auf den wir stoßen, ist die 583 Meter hohe Butte de Suin, ein beliebter Aussichtspunkt, auf dessen Höhe uns eine Orientierungstafel die umliegenden Berge weist: den 603 Meter hohen Mont-Saint-Vincent im Norden, den Signal de la Mère Boitier (758 Meter) im Süden und den Mont Botey im Westen.

Benannt ist die Landschaft nach Charolles, einem kleinen Marktflecken am Fuß der Bergkette, heute Hauptstadt einer Sous-préfecture im Departement Saône-et-Loire. Einst war das Städtchen Mittelpunkt einer Grafschaft, woran noch die den Ort überragende Burgruine erinnert. Aus jener Zeit stammt auch der Turm Karls des Kühnen, der sich vor dem terrassenförmigen Park erhebt, den man auf der ehemaligen Stadtbefestigung angelegt hat.

Das Charollais ist ein Land der Burgen und Schlösser. Nördlich von Charolles finden wir das Schloß Chaumont mit Rundturm und Renaissancefassade; die gotische Hoffassade ist freilich eine Rekonstruktion aus neuer Zeit. Die riesigen Ställe stammen aus dem 17. Jahrhundert; sie wurden anläßlich der Heirat der Herzogin von Angoulême mit Louis de Valois, einem Enkel Karls IX., errichtet.

Das Schloß Corcheval südlich von Charolles liegt am Fuß des Mont de Carges, der ein Denkmal für die Widerstandskämpfer des Zweiten Weltkriegs trägt. Sehenswert ist weiter südlich auch das Schloß Drée, dessen schöner Fassade ein Portikus mit einem Balkon vorangestellt ist. Das Château de la Clayette geht auf das 14. Jahrhundert zurück, hat aber sein ursprüngliches Aussehen durch spätere Umbauten weitgehend verloren. Erhalten ist noch der von Türmen gesicherte Schloßgraben.

Ein lohnender Ausflug führt südlich von La Clayette auf die Montagne de Dun, deren Gipfel 721 Meter über dem Meeresspiegel liegt. Ihn krönt eine Kapelle. Sie steht auf einer Aussichtsplattform, von der aus der Blick über das Tal der Grosne bis zu den Bergen des Brionnais im Westen und im Süden bis zu den Hügeln des Beaujolais schweift. Dieses berühmte Weinbaugebiet liegt freilich bereits jenseits der Grenzen, die wir für dieses Buch gezogen haben.

Im Nordwesten des Brionnais können wir ein weiteres Zentrum religiösen Lebens besuchen, Paray-le-Monial. Hier wurde 973 ein Benediktinerpriorat gegründet, das 999 der Abtei Cluny unterstellt wurde. 1875 wurde aus der alten Abteikirche Notre-Dame die Basilique du Sacre-Cœur, ein Mittelpunkt der Herz-Jesu-Verehrung in Frankreich. Diese geht auf die 1920 heiliggesprochene Marguerite-Marie Alacoque zurück, die 1671 in das Salesianerinnenkloster in Paray-le-Monial eintrat und deren Visionen diesen religiösen Kult entscheidend in die Wege geleitet haben. Die sterblichen Überreste der Heiligen sind in einem vergoldeten Schrein in der Chapelle de la Visitation des Klosters zur letzten Ruhe gebettet worden. Die Kapelle und die Basilika sind das Ziel von Wallfahrten, deren bedeutendste am Herz-Jesu-Fest (zweiter Freitag nach Fronleichnam) und am Todestag der Heiligen (17. Oktober) stattfinden. Bei diesen Anlässen findet auch die Chambre des Reliques in der Maison des Pages mit Erinnerungsstücken an die Heilige großen Zulauf.

Links oben Landschaft bei Mazille; darunter das malerische Charolles. Rechts oben Paray-le-Monial, im Vordergrund das prächtige Rathaus; darunter ein Detail der Rathausfassade.

Von Paray-le-Monial nach Bourbon-Lancy

Paray-le-Monial liegt 245 Meter ü. M. an der Bourbince und dem Canal du Centre. Weithin bekannt wurde das Städtchen, als 1873 die von hier ausgehende Herz-Jesu-Verehrung darin gipfelte, daß ganz Frankreich dem Herzen Jesu geweiht wurde. Zwei Jahre später wurde aus der Marienkirche des Klosters die Herz-Jesu-Basilika; um die gleiche Zeit begann man in Paris auf der Butte Montmartre mit dem Bau der Basilique du Sacré-Cœur, die inzwischen zu einem der Wahrzeichen der französischen Hauptstadt geworden ist.

Die Kirche in Paray-le-Monial entstand im 11. und 12. Jahrhundert etwa gleichzeitig mit der Abteikirche von Cluny, als deren »kleinere Schwester« sie manchmal bezeichnet wird. Es handelt sich um eine nach dem gleichen Grundschema erstellte Gewölbe- und Pfeilerbasilika im burgundisch-romanischen Stil mit einer von zwei Türmen flankierten Vorhalle und einem mächtigen achteckigen Vierungsturm; spitz zulaufende Hauben krönen alle drei Türme. Mit seinem dreischiffigen Langhaus und drei Apsiden ist das Gotteshaus freilich sehr viel bescheidener, als es die Kirche von Cluny einst war. Interessant ist die Ostfront von Sacré-

Cœur, die sich aus den Apsidiolen, dem Chorumgang und der Apsis stufenförmig aufbaut.

Wallfahrtsziel ist neben der Basilika und der schon erwähnten Maison des Pages mit einer Nachbildung der Zelle der Heiligen der Kreuzweg im Parc des Chapelains unweit der Kirche.

Interessantestes Ausstellungsstück im Musée d'Art sacral ist der aus dem 12. Jahrhundert stammende Tympanon der Kirche von Anzy-le-Duc, der während der Französischen Revolution vor der Zerstörung gerettet werden konnte. Französische, flämische und italienische religiöse Gemälde aus dem 16. bis 18. Jahrhundert birgt das Musée du Hiéron an der Rue de la Paix.

Im Norden des Städtchens erhebt sich die Tour Saint-Nicolas aus dem 16. Jahrhundert. Dieser Glockenturm ist das einzige Überbleibsel der einstigen Nikolauskirche.

Bei Digoin, wo sich Arroux und Bourbince vereinigen, gelangen wir ins Tal der Loire, die hier durch mehrere Kanäle mit der Saône verbunden ist. Ein Keramik-Museum (Centre de Documentation de la Céramique) erinnert daran, daß dieses Gebiet seit alters ein Zentrum der Töpferei ist.

Wenn wir der Loire flußabwärts folgen, kommen wir nach Bourbon-Lancy. Dieses Thermalbad wird besonders bei rheumatischen Erkrankungen und Kreislaufstörungen aufgesucht. Kurhaus und Badeeinrichtungen liegen in einem schönen großen Park.

Aber auch für den Touristen ist das malerische alte Städtchen nicht uninteressant, besonders das Viertel um die Tour de l'Horloge, einem alten Belfried, die Fontaine Sévigné und die Porte d'Eperon, bei der es sich um einen Überrest der alten Stadtbefestigung handelt. Das Hospice d'Aligre ist nach einer Wohltäterin des Hospizes benannt, der Marquise Elisabeth d'Aligre (1776–1843), die Äbtissin von Saint-Cyr war. Die reich skulptierte Kanzel in der Kapelle wurde 1687 von König Ludwig XIV. dem Hospiz geschenkt. Nicht mehr als Gotteshaus dient heute die Kirche Saint-Nazaire; in ihr hat man zwei Museen eingerichtet, ein Archäologisches Museum und ein Kunstmuseum.

Ein Abstecher empfiehlt sich zu dem mit seinem alten Kern malerisch auf einer Insel in der Loire gelegenen Decize, wo vor allem die Kirche Saint-Aré unsere Beachtung verdient, weist sie doch eine Krypta auf, die bis ins 7. Jahrhundert zurückgeht.

Links oben der Canal du Centre bei Paray-le-Monial; daneben Blick auf das Gewölbe der Basilika Sacré-Cœur. Links unten Außenansicht der Herz-Jesu-Basilika. Oben Mitte die Brücke über den Kanal bei Digoin; rechts Detail eines Brunnens. Rechts unten die malerische Rue de l'Horloge in Bourbon-Lancy.

Meubles
G. Cimetiere
G. Cimetiere

Die romanischen Kirchen des Brionnais

Als Brionnais wird eine verhältnismäßig kleine Landschaft bezeichnet, die sich südlich von Paray-le-Monial zwischen dem Charollais und der Loire erstreckt, ein früheres Lehen des Herzogtums Burgund. Dominierend im Landschaftsbild sind die saftigen Wiesen und Weiden: Hier werden wie im benachbarten Charollais seit alters Rinder gezüchtet. Die Berge bestehen aus einem leicht zu bearbeitenden gelblichen Sandstein, der sich hervorragend als Baumaterial eignet, was wohl die Fülle von Kirchen erklärt, die seit dem 11. Jahrhundert aus diesem Stein im Brionnais errichtet worden sind.

Die ältesten dieser Gotteshäuser wirken recht massig und sind allesamt von verhältnismäßig niederen Tonnengewölben überspannt. Dazu gehören die Kirchen von Iguerande, Saint-Germain-des Bois und Bois Sainte-Marie (mit einer interessanten Dastellung der Flucht nach Ägypten auf dem Tympanon).

Erst nach der Gründung von Cluny eröffneten sich den einheimischen Baumeistern und Künstlern neue Möglichkeiten; sie lernten, höhere Gewölbe zu bauen, entdeckten reichere bildhauerische Möglichkeiten, um ihrem Glaubenseifer Ausdruck zu verleihen. Einen hoch aufragenden Glockenturm finden wir in Varenne l'Arconce, ein Geschlechts, dem einer der bedeutendsten Äbte von Cluny entstammte, der heilige Hugo (1049 bis 1109).

Neben Semur hat Ancy-le-Duc eine der schönsten romanischen Kirchen des Brionnais aufzuweisen. Unverwechselbar ist der dreigeschossige achteckige Glockenturm des aus dem 11. und 12. Jahrhundert stammenden Gotteshauses, und meisterlich skulptiert sind im Kircheninneren die Kapitelle mit ihrem Schmuck aus Laubwerk und symbolischen Figuren.

Uralt ist das an der Grenze zum Charollais gelegene Charlieu, das auf eine gallo-römische Siedlung zurückgeht. Hier wurde 872 ein Kloster gegründet, das sechzig Jahre später Cluny unterstellt wurde. Die Klosterkirche wurde im 11. und 12. Jahrhundert um eine Vorhalle erweitert. Dieser Narthex und das erste Joch des Langhauses sind alles, was von dem während der Französischen Revolution zerstörten Gotteshaus heute noch übrig ist. Auf dem Tympanon über dem Hauptportal sehen wir die Himmelfahrt Christi und darunter die Muttergottes inmitten von Aposteln. Der Glokkenturm, der sich an den Narthex anlehnt, stammt aus dem 15. Jahrhundert.

Weitere sehenswerte Baudenkmäler in Charlieu sind die Tour Philippe-Auguste, das Barfüßerkloster mit einem gotischen Kreuzgang, das in einem

prachtvoll skulptiertes Portal und schöne Säulenkapitelle in Châteauneuf-sur-Sornin. Ganz deutlich von Cluny geprägt ist die romanische Kirche (12. bis 13. Jahrhundert) von Semur-en-Brionnais, dem Hauptort der Landschaft. Dieses Gotteshaus gehört mit seinem von Arkaden durchbrochenen Glockenturm, dem reich geschmückten Portal und dem luftigen Langhaus zu den meisterlichsten Schöpfungen der burgundischen Romanik.

Von der Burg, in der der heilige Hugo geboren wurde, sind nur der Hauptturm aus dem 9. Jahrhundert und zwei Rundtürme erhalten, die im 18. Jahrhundert als Kerker benutzt wurden. Das dazugehörige Dorf ist wie ein Adlerhorst in luftiger Höhe erbaut. Dies war die Heimat jenes mächtigen Palast aus dem 18. Jahrhundert untergebrachte Rathaus und die um die gleiche Zeit erbaute Kapelle des Krankenhauses. Außerdem gibt es noch eine beträchtliche Anzahl von schönen alten Häusern, die freilich teilweise dringend der Sanierung bedürfen; Restaurierungsarbeiten sind im Gange.

Oben das schöne alte Kirchlein von Montceaux-l'Etoile bei Paray-le-Monial. Oben Mitte das Dorf Châteauneuf mit seiner romanischen Kirche; daneben und darunter ein alter Herrensitz in Charlieu. Folgende Doppelseite: Die Altstadt von Mâcon um die Kirche Saint-Pierre.

Mâcon und das Mâconnais

Am Ufer der Saône liegt die Hauptstadt des Departements Saône-et-Loire, Mâcon, dessen Altstadt vom Turm der Kirche Saint-Vincent überragt wird. Gewachsen ist die Stadt auf dem rechten Flußufer; erst später siedelten sich die Stadtbewohner auch auf dem linken Ufer im Faubourg Saint-Laurent an, der durch die aus dem 14. Jahrhundert stammende und im vorigen Jahrhundert restaurierte Laurentiusbrücke mit der Altstadt verbunden ist. Der Strom ist hier schon so breit, daß er oberhalb der Stadt einen regelrechten See bildet, an dem man einen Jachthafen angelegt hat, der sich bei französischen Wassersportlern großer Beliebtheit erfreut.

Mâcon hat eine wechselvolle Geschichte hinter sich, doch davon zeugen nur noch wenige alte Bauten in der Stadt. Die Kathedrale Saint-Vincent wurde während der Französischen Revolution weitgehend zerstört. Geblieben sind nur die beiden Türme, die das Portal flankieren, und ein Teil des

Langhauses. Einige interessante alte Häuser finden wir in den Gassen der Altstadt, so an der Place-aux-Herbes die »Maison de Bois«, einen eleganten Renaissancebau aus dem 15. Jahrhundert mit reichem Figurenschmuck.

Jünger ist das Hôtel-Dieu. Es wurde im 18. Jahrhundert errichtet. Aus dieser Zeit stammt auch die Krankenhausapotheke mit ihrem Mobiliar und schönen Fayencen aus der Zeit Ludwigs XV.

Es gibt zwei sehenswerte Museen. Das Ursulinenmuseum in einem ehemaligen Kloster aus dem 17. Jahrhundert bietet neben vorgeschichtlichen und volkskundlichen Sammlungen auch eine Gemäldegalerie.

Im Hôtel Senecé, dem Sitz der Akademie von Mâcon, hat man ein zweites Museum eingerichtet. Es ist einem Sohn der Stadt gewidmet, dem romantischen Dichter Alphonse de Lamartine, der 1790 in Mâcon geboren wurde und seiner Heimat zeitlebens treu geblieben ist.

Den Spuren des Dichters folgend, können wir das Mâconnais bereisen. Sein Geburtshaus steht in Mâcon, aber als er sieben Jahre alt war, übersiedelte die Familie in das Dorf Milly, das später ihm zu Ehren in Milly-Lamartine umbenannt wurde. Näher bei Mâcon steht das Schloß Monceau, in dem er die letzten Jahre seines Lebens verbracht hat. Viele Jahre lang lebte er im Tal der Valouze auf Schloß Saint-Pont. Während der Touristensaison kann man die Räume besichtigen, in denen man zahlreiche Erinnerungsstücke an den Dichter zusammengetragen hat. Das Schloß ist von einem weitläufigen Park umgeben.

Im Schloß von Berzé-le-Chatel residierten einst die Herren des Mâconnais. Weiter südlich liegt Solutré mit seiner berühmten prähistorischen Fundstätte, die einer Kulturstufe der jüngeren Altsteinzeit den Namen gegeben hat.

Die Weinberge des Mâconnais ziehen sich über die Hänge beidseits der Saône. Einen renommierten Weißwein liefert Pouilly-Fuissé, während aus Chasselas erstklassige Tafeltrauben stammen. Die ehemalige Grafschaft Beaujolais gehört zwar nicht mehr zur Bourgogne, aber ihre Spitzenweine (Romanèche-Thorins, Juliénas, Fleurie, Morgon, Brouilly usw.) zählen nichtsdestoweniger zu den Burgunderweinen.

Links oben die Saint-Laurent-Brücke in Mâcon; links unten die beiden noch erhaltenen Türme der ehemaligen Kathedrale Saint-Vincent; Mitte links der berühmte Felsen von Solutré. Rechts oben ein aus dem 18. Jahrhundert stammender Turm in Charbonnières-du-Mâconnais. Unten die Burg von Berzé-le-Chatel, daneben das Haus Lamartines in Milly. Folgende Doppelseite: Mitten im Grünen liegt dieser Bauernhof in der Gegend von Clermain.

Bresse und Dombes

Im Jahr 1601 erwarb das Herzogtum Burgund die östlich der Saône liegenden Landschaften Bresse und Bugey, in denen hundert Jahre früher Margarethe von Österreich regiert hatte, die Tochter Kaiser Maximilians I. und Witwe des Herzogs Philibert von Savoyen. Landschaftlich zählt dieses Gebiet freilich nicht mehr zu der von Plateaus, Hügeln und Flußebenen bestimmten Bourgogne, sondern bereits zur Jura-Landschaft der Franche-Comté, der ehemaligen Freigrafschaft Burgund, und entsprechend gehört dieser Teil des Departements Ain administrativ zur Region Franche-Comté-Monts-Jura, in die er wirtschaftlich eingebunden ist.

Der Westrand der Region besteht aus der Bresse im Norden und den Dombes im Süden, einem Seen- und Sumpfgebiet mit charakteristischer Wasserfauna, in dem man inzwischen ein Wildschutzgebiet eingerichtet hat. In der zum Teil hügeligen Bresse wird seit alters Geflügel gezüchtet. Es ist eine ausgesprochen ländliche Gegend mit wenigen Städten, übersät von großen Gutshöfen mit geräumigen Wohn- und Wirtschaftsgebäuden unter ausladenden Dächern, die manchmal noch von sogenannten »Sarazenen-Kaminen« überragt werden, benannt nach turmförmigen Aufbauten, wie man sie in der Levante antrifft.

Hauptstadt der ehemaligen Grafschaft war Bourg-en-Bresse, das auch heute noch Wirtschafts- und Handelszentrum der Bresse ist. In der Stadt selbst sind lediglich die Kirche Notre-Dame mit ihrem herrlichen Chorgestühl und etliche alte Häuser aus dem 15. Jahrhundert von Interesse. Die größte Sehenswürdigkeit findet sich in dem Vorort Brou, einem einstigen Dorf, das eingemeindet wurde: ein Kloster samt Kirche aus dem frühen 16. Jahrhundert. Beide sind längst säkularisiert, haben aber im Gegensatz zu vielen anderen Sakralbauten der Gegend weder unter den Religionskriegen noch unter der Französischen Revolution gelitten und sind deshalb noch weitgehend im ursprünglichen Zustand erhalten.

Nachdem ihr Gemahl, der Graf Philipp von Bresse, 1480 bei einem Jagdunfall ums Leben gekommen war, gelobte seine Witwe, Marguerite de Bourbon, anstelle des bescheidenen alten Priorats von Brou ein Kloster zu stiften. Zwar konnte sie ihre Absicht nicht verwirklichen, aber nach ihrem Tod beauftragte 1506 ihre Schwiegertochter, Margarethe von Österreich, den flämischen Baumeister Loys van Boghem mit dem Bau von Kloster und Kirche. Französische, flämische und deutsche Künstler wurden nach Brou geholt und schufen von 1513 bis 1532 den prächtigen Sakralkomplex, den Margarethe als Grablege für ihre Schwiegermutter, ihren 1504 gestorbenen Gatten Philibert von Savoyen und sich selbst bestimmt hatte.

Das spätgotische Gotteshaus weist bereits Stilelemente der Renaissance auf. Hinter einem wunderschönen Lettner nimmt das Grabmal Herzog Philiberts die Mitte des Chors ein, während sich die Grabmäler der beiden Frauen in Kapellen zu beiden Seiten befinden. Die Glasmalereien der Chorfenster sind zum Teil nach Stichen von Albrecht Dürer gearbeitet.

Rechts von der Kirche sind um drei Kreuzgänge die ehemaligen Klostergebäude angeordnet. In einem der Gebäude ist das Musée de l'Ain untergebracht, in dem unter anderem ein nach dem Leben gemaltes Bildnis der Margarethe von Österreich zu sehen ist.

Oben und links zwei Landschaften der Dombes, die durch Seen und Sümpfe geprägt sind. Rechts oben ein altes Bauernhaus im Gebiet der Ain; darunter die berühmte Kirche von Brou; daneben das Grabmal der Margarethe von Österreich im Chor der Kirche.

Bildnachweis: Abbe/Vloo 41b, 91c – Abrial/Pix 91a – Arthaud/Pix 9b, 13c, 23c, 30a – Bénazet/Pix 41a, 95b – Beuzen/Scope 42d – Bérenger/Pix 16b, 24, 28b, 66b – CAP/Vloo 11a, 36c, 36d, 46a, 49b, 50c, 50d, 51b, 53, 81a, 83a – Catelain/Vloo 1 – Chambon/ Vloo 22b – La Cigogne/Pix 14a, 15a, 17b, 18, 22c, 23b, 40b, 49c, 66a, 72b, 84c – Cin/Pix 54b – Da Costa/Pix 16a – Cuvillier/Pix 20a, 21b – Davies/Zefa 46b, 47 – Delon/Pix 30b, 31b – Diot/Vloo 70c – Dumontier/ Atlas 21c, 86, 87a – Froissardey/Atlas 16c, 26a, 27b, 76a, 76b – Guillard/Scope Vorsatz, 6d, 13a, 13b, 21a, 23a, 50a, 55a, 55b, 55c, 56a, 64a, 64b, 64d, 66c, 78a, 80, 84a, 90c, 91b, 92 – d'Heilly/Atlas 87b – Hiekisch/ Zefa 9a – Huot/Atlas 94a – Jalain/Vloo 45b – Jolivat/Vloo 56b – J. S. R./Pix 82b – Kerth/Zefa 71a, 72d, 79, 82a, 90a – Kuligowski/Vloo 40a – Lauros/ Giraudon 23a – de Laubier/Pix 34, 58b – Len Sirman Press 2, 5b, 6a, 6b, 12c, 20b, 28a, 29a, 32a, 32b, 49a, 59a, 60a, 63b, 72a, 78b, 85a, 85b, 85c, 87c, 90b – Magnin/Pix 72c – Maher/Zefa 65 – Mangiavacca/ Vloo 7b – Marmounier/C.E.D.R.I. 4a, 4b, 14b, 15b, 33b, 38, 84b – Moes/Pix 6c – Pélissier/Vloo 8a, 16d, 57f – Petit/Atlas 4c, 81b – Pix 8b, 10, 12b, 22d, 36a, 37b, 42a, 42b, 42c, 42e, 43a, 43b, 44, 45a, 51a, 54a, 56b, 56c, 57a, 57e, 61a, 61b, 63c, 64c, 67a, 70b, 71b, 73, 74, 81c, 83b, 88, 94b, 95a, 95c – Protet/Pix 3, 17a, 22a, 48b, 52a, 52b, 57b, 70a, 77 – Revault/Pix 5c, 50b – Riby/Pix 11b – Sappa/C.E.D.R.I. 26b, 48a, 49d – Sonville/Vloo 52c – Streichan/Zefa 27a – Sudres/ Scope 58c, 59b, 59c, 63a – Tesson/Vloo 37a – Viard/ Pix 5a, 7a, 28c, 29b, 31a, 58a, 60b, 67b, 67c, 68 – Vietti/Pix 12a.

Das Dach eines Hauses in Beaune, das mit den für ganz Burgund typischen kleinen Ziegeln gedeckt ist.

CLOS DES PERRIERES